# 水球

## 全民健身项目指导用书

王新光◎主编

U0782830

吉林出版集团股份有限公司　全国百佳图书出版单位

**图书在版编目（CIP）数据**

水球／王新光主编. －－ 2版. －－ 长春：吉林出版集团股份有限公司, 2010.2（2024.8重印）
全民健身项目指导用书
ISBN 978-7-5463-2304-6

Ⅰ. ①水… Ⅱ. ①王… Ⅲ. ①水球运动－基本知识
Ⅳ. ①G861.3

中国版本图书馆CIP数据核字(2010)第028326号

全民健身项目指导用书

# 水 球

SHUIQIU

| | |
|---|---|
| 主　　编 | 王新光 |
| 责任编辑 | 李　娇 |
| 封面设计 | 吕宜昌 |
| 开　　本 | 650mm×960mm　1/16 |
| 印　　张 | 7 |
| 字　　数 | 60千 |
| 版　　次 | 2010年2月第2版 |
| 印　　次 | 2024年8月第4次印刷 |

| | |
|---|---|
| 出版发行 | 吉林出版集团股份有限公司 |
| 地　　址 | 吉林省长春市福祉大路5788号 |
| 邮　　编 | 130000 |
| 电　　话 | 0431-81629968 |
| 电子邮箱 | 11915286@qq.com |
| 印　　刷 | 三河市金兆印刷装订有限公司 |

| | |
|---|---|
| 书　　号 | ISBN 978-7-5463-2304-6　　定　价　38.00元 |

序 言

　　自 1995 年我国政府推出《全民健身计划纲要》以来，我国群众性体育活动蓬勃发展，取得了显著的成绩。2008 年,举世瞩目的北京奥运会的成功举办,极大地激发了亿万人民群众的体育热情，增强了全社会的体育意识,营造了浓厚的全民健身氛围。面对这样的可喜局面,群众体育科研、教学工作者应义不容辞地为社会实践服务,从不同角度思考,如何使普通百姓通过简而易行的身体锻炼方式、方法和手段达到良好的健身效果,达到拥有健康的目标,从而享受生活、享受快乐人生。该书系就是在这样的思想指导下诞生的。

　　本书系能够顺应国家体育的大政方针,掌握时代脉搏,对指导大众健身,使大众掌握健身方法和手段有很好的促进作用。

　　本书系图文并茂,实用性强,分为球类运动、体操健身运动、传统武术、冰雪运动、水上运动、体育舞蹈、休闲运动、格斗运动、民间体育活动和极限运动等十大类项目,计 100 分册,按照统一的体例,力争有所创新。每册的具体内容为该项目的起源与发展、运动保健、基本

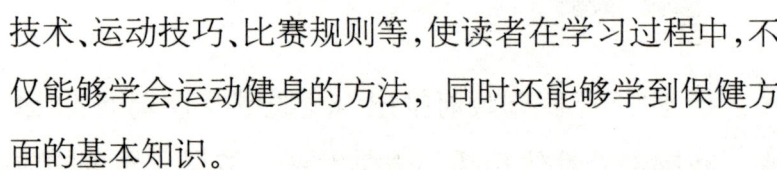

技术、运动技巧、比赛规则等，使读者在学习过程中，不仅能够学会运动健身的方法，同时还能够学到保健方面的基本知识。

经国务院批准，自 2009 年起，将每年的 8 月 8 日定为"全民健身日"。《全民健身项目指导用书》的出版，必将为开展全民健身活动起到积极的推动和指导作用。

# 目录 CONTENTS

**第一章 概述**

第一节 起源与发展/002
第二节 场地、器材和装备/004

**第三章 基本技术**

第一节 游泳基本技术/032
第二节 举球/043
第三节 传接球/045

**第二章 运动保健**

第一节 自我身体评价/012
第二节 运动价值/016
第三节 运动保护/021

# 目录 CONTENTS

第四节　运球/062
第五节　射门/064
第六节　防守/071

## 第五章　基本规则

第一节　比赛方法/096
第二节　裁判方法/097

## 第四章　基础战术

第一节　常见战术/078
第二节　多打少战术/079
第三节　进攻掩护战术/083
第四节　防守战术/091

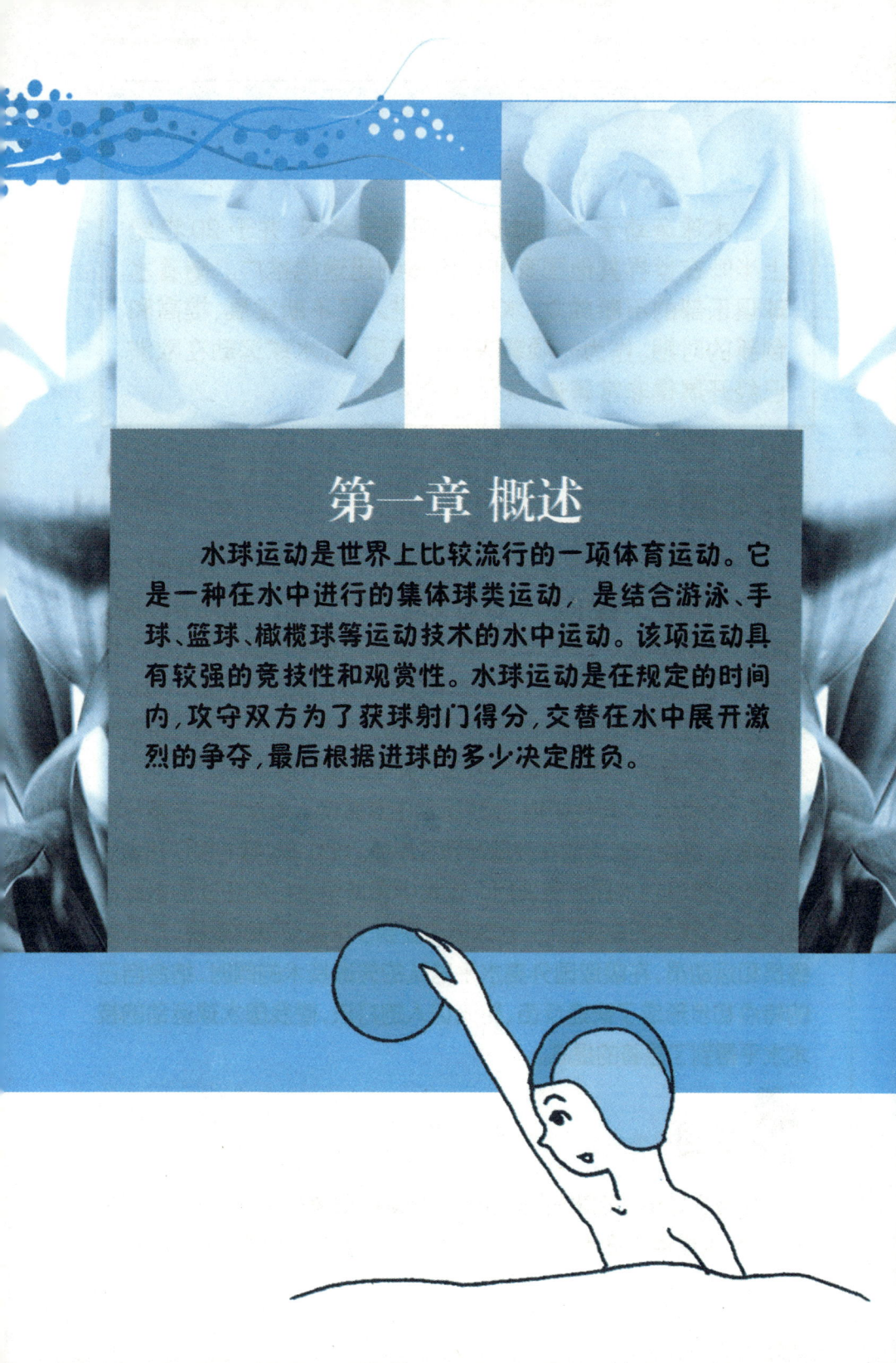

# 第一章 概述

　　水球运动是世界上比较流行的一项体育运动。它是一种在水中进行的集体球类运动，是结合游泳、手球、篮球、橄榄球等运动技术的水中运动。该项运动具有较强的竞技性和观赏性。水球运动是在规定的时间内，攻守双方为了获球射门得分，交替在水中展开激烈的争夺，最后根据进球的多少决定胜负。

## 第一节

### 起源与发展

水球运动于 19 世纪中叶起源于英国,并于 20 世纪上半叶在世界其他国家和地区得到迅速的推广。随着水球俱乐部的不断成立,水球运动进入了不断发展、提高和创新的时期。作为一项新兴的体育项目,水球运动在欧洲已经开展得非常普遍,深受大众喜爱。

 **起源**

水球运动起源于 19 世纪中期的英国。它最初是人们游泳时在水中传掷足球的一种娱乐活动,故有"水上足球"之称,后逐渐成为两队之间的竞技性运动。1877 年,英格兰伯顿俱乐部聘请威尔森制定了世界上第一部水球竞赛规则。1879 年出现了有球门的水球比赛。1885 年英国游泳协会将水球列为单独的比赛项目。1890 年,水球运动首先传入美国,后又逐渐在德国、奥地利、匈牙利等国家开展起来。

在 20 世纪 20 年代中期,水球运动由欧美传入香港和广东及一些沿海城市,这使水球运动在我国得到了传播。1931 年,第 5 届广东省水上运动会曾设立水球比赛项目,这是中国最早举行的正式的水球比赛。中华人民共和国成立后,水球运动受到了国家应有的重视。广大教练员和运动员,在吸取国外高水平球队的先进技术的同时,结合自己的特点初步形成了快速反击、轮流切入的打法,使我国水球运动的技术水平得到了显著的提高。

 **发展**

随着水球运动技术的提高进步,规则的日臻完善,以及国际赛事的举办,水球运动逐步走上规范化道路,并成为全民健身运动的有机组成部分。

 发展概况

1876 年 7 月 14 日，被认为第一场正规的水球比赛是由英国波内蒙斯首相划船俱乐部举办的。

1900 年，在第 2 届奥运会上，男子水球被列为奥运会正式比赛项目。

1973 年，开始举办世界水球锦标赛。

1979 年，国际业余游泳联合会举办了第 1 届女子水球世界杯赛。

1980 年 7 月，第一次国际女子水球比赛在马耳他举办。

1986 年，第 5 届世界游泳锦标赛将女子水球列为正式比赛项目。

2000 年，在第 27 届奥运会上，女子水球被列为奥运会正式比赛项目。

 机构与赛事

⚜ 机构

水球运动由国际业余游泳联合会（FINA）主管，1973 年，国际游泳联合会创办世界游泳锦标赛，其中设立水球项目。

⚜ 赛事

(1)奥运会水球赛，每 4 年 1 届。
(2)世界水球锦标赛，每 4 年 1 届。

 发展趋势

⚜ 国内趋势

水球运动在我国的发展时间较短，普及性不是很高。但水球运动的规则简单，初学者容易入门，易于开展。由于水球运动的身体对抗性较强，所以更适合于在青壮年中开展。目前，水球运动已成为全民健身运动的重要组成部分。

很多欧洲国家的水球运动都已经走上了职业化道路，形成了一套

成熟的竞赛和人才培养机制。我国的水球运动还需要学习、借鉴国外先进的管理经验,提高技战术水平。

### 国外趋势

水球在欧洲和美国分别发展起来,成为两项并不相同的运动。在美国,它被称为"软式水球",球由中空的动物膀胱制成。这项运动非常粗暴,经常导致比赛双方的群殴。为了减少比赛中持续不断的暴力行为,1897 年哈罗德·里德尔为这项运动制定了首部美国软式水球比赛规则。与美国的软式水球相比,欧洲水球运动的规则更加科学,节奏更快,比赛中危险更少。最终,还是欧洲式水球在今天占据了主导地位,开展得更加广泛。

## 第二节
## 场地、器材和装备

水球运动对场地、器材和装备都有较高的要求。高质量的场地是水球运动开展的前提,而良好的器材和装备则是练习者发挥较高技术水平的必要保证。

### 场地

场地是水球运动一个重要的组成部分。场地的好坏直接影响运动员技术水平的发挥。

### 规格　见图 1-2-1

(1)男子水球标准比赛场地长 30 米、宽 20 米,水深在 1.8 米以上,女子水球标准比赛场地长 25 米,宽 17 米,水深至少 1.8 米。

(2)场地两端中央各有一个高 90 厘米,宽 3 米的球门,球门框涂成白色。

(3)比赛场地边线设置小旗。

（4）红旗表示越位区域的禁线（离球门 2 米处），黄旗表示判罚 4 米直接任意球地点和同一犯规动作不同判罚尺度的禁线（离球门 4 米），与球门平行的白旗表示端线，中场白旗表示中线。

（5）运动员帽子必须用蓝、白两种颜色，以区分比赛双方，帽子上标有 1～13 号码，双方守门员均戴 1 号红色帽子，其他队员为 2～13 号。

（6）帽子上附有护耳器以防耳朵受伤，裁判员除使用哨子外，还要手持蓝、白旗以表示比赛双方。

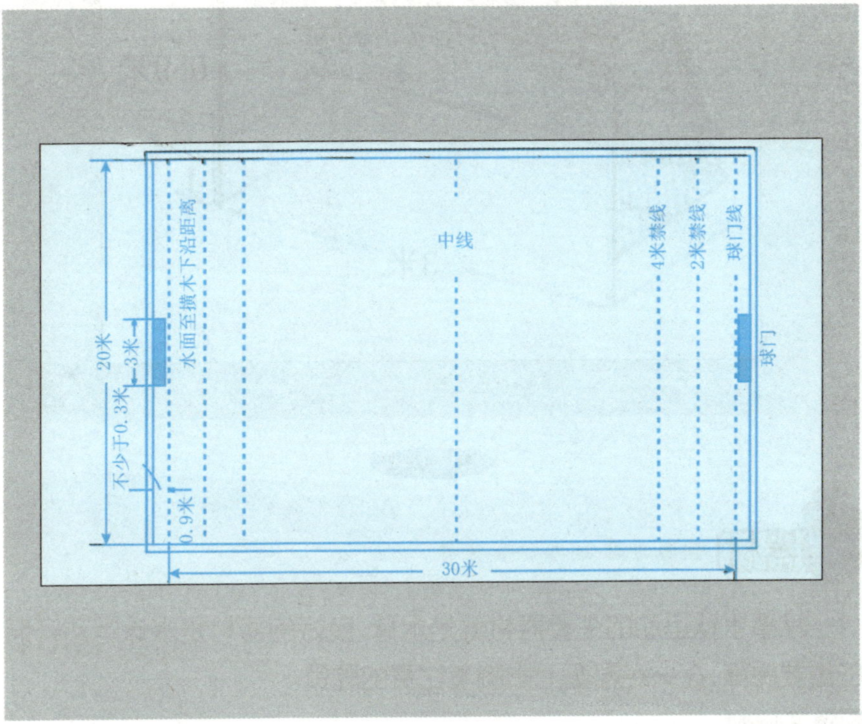

图 1-2-1

见图 1-2-2

（1）球门由一根坚固的横梁和两根门柱构成，位于场地两端与球门线平行的中央。

（2）两门柱内缘间的距离为 3 米，水深达到或超过 1.5 米时横梁下缘距水面 0.9 米，水深不足 1.5 米时，横梁下缘距池底则应为 2.4 米。

（3）球门是涂上白色的方柱。

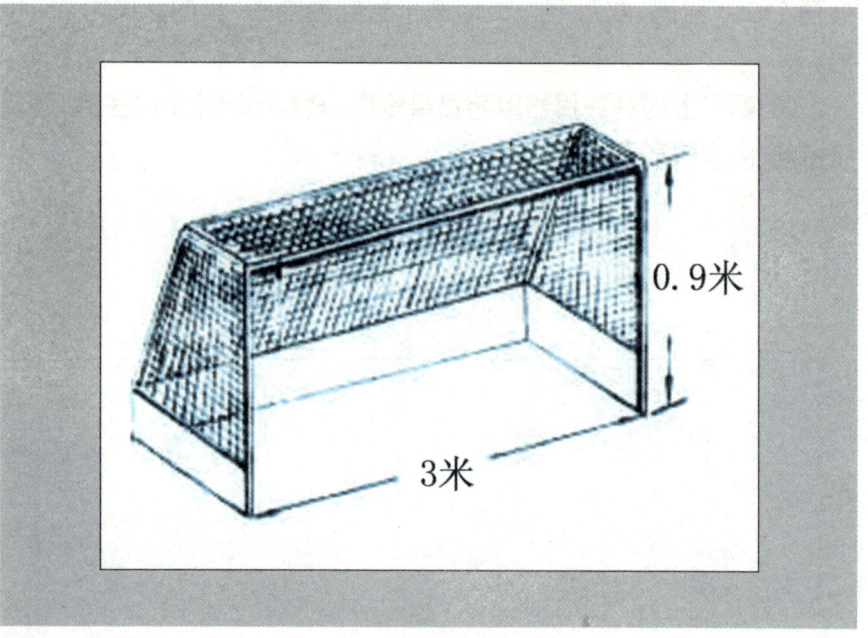

0.9米

3米

图 1—2—2

器材 ◆◆◆◆◆◆◆◆◆◆◆◆

从事水球运动的主要器材就是水球，良好的器材是水球运动开展的重要保障，在一定程度上影响着比赛的胜负。

**规格** 见图 1—2—3

（1）水球应为内有气胆的可防水圆形体（可自动封闭的球门嘴），表面无突出的缝线，且不得涂抹油脂或类似的物质。

（2）男子比赛用球周长不少于 0.68 米，不大于 0.71 米，充气压力 90～97 千帕，女子比赛用球周长不少于 0.65 米，不大于 0.67 米，充气压力 83～90 千帕。

（3）球的重量不少于 0.4 千克，不大于 0.45 千克。

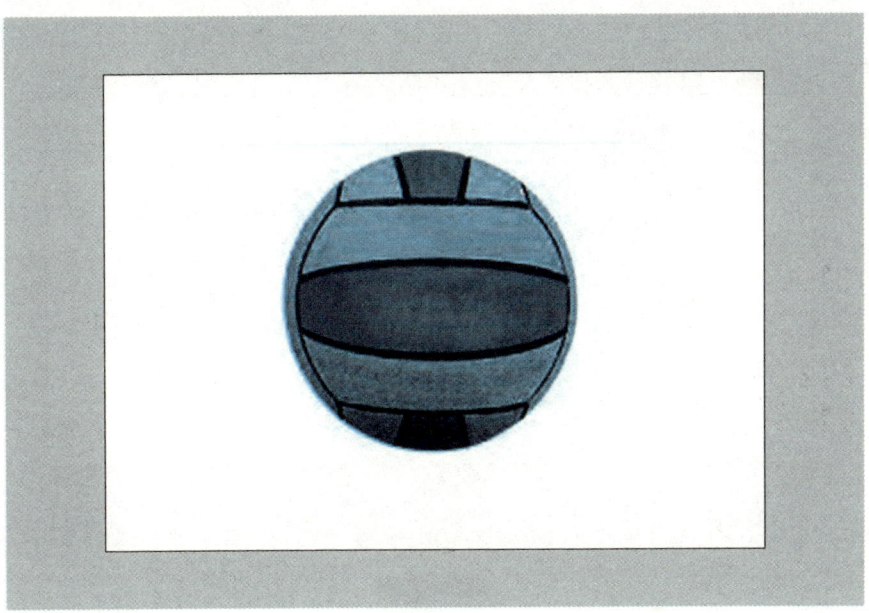

图 1—2—3

**材质**

水球用橡胶材料制成,表面不应光滑发亮。

**装备** ◆◆◆◆◆◆◆◆◆

在进行水球运动时,舒适、合体的装备对练习者不但有安全保护作用,还有助于技战术水平的充分发挥。

**服装** 见图 1—2—4

游泳衣有男款和女款之分。游泳衣的大小必须合体,太大容易兜水,太小则会有紧绷感。总之,不合身的游泳衣穿起来会很不舒服,不利于动作的完成。目前市场上所出售的游泳衣品种繁多,式样各异,价格从几元到几百元不等,面料主要有棉布、针织罗纹、化纤和涂塑橡胶材料等。

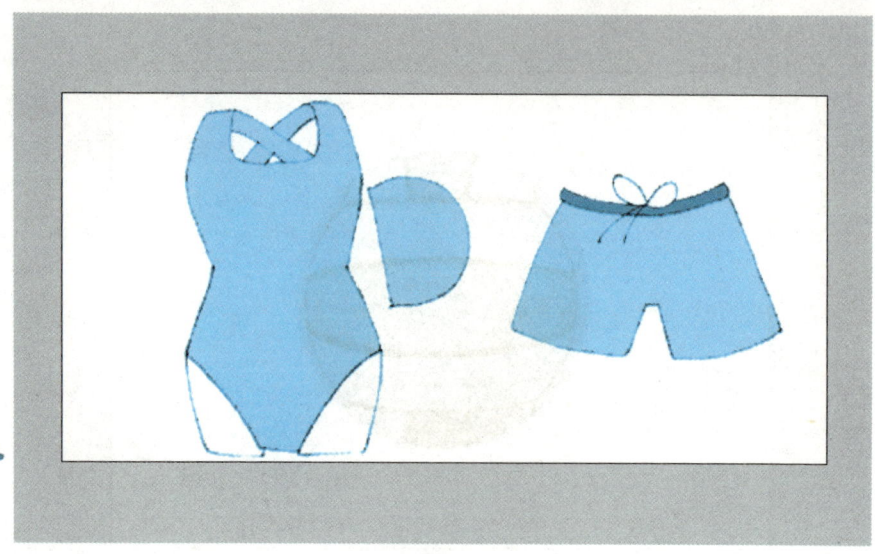

图 1-2-4

 **游泳帽** 见图 1-2-5

　　游泳帽颜色应易于对比，且易于与球色对比。未经裁判员批准，不得使用单一的红色球帽。裁判员可指定一队戴白色球帽或蓝色球帽。守门员则应戴红色球帽。游泳帽必须系结于颏下，全场比赛期间都必须戴好游泳帽。

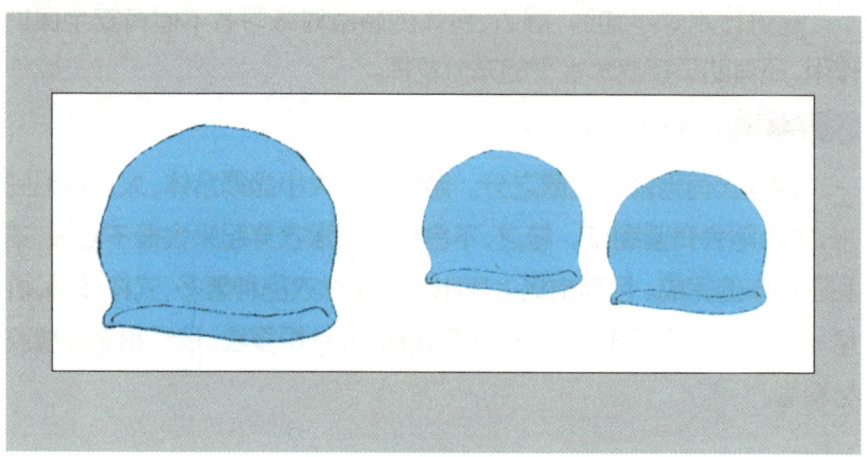

图 1-2-5

**游泳镜** 见图 1-2-6

　　池水如果不干净，游泳时细菌很容易进入眼睛，从而导致流行性结膜炎病等眼部疾病的发生。为了预防眼部疾病，佩戴游泳镜是非常必要的。对于初学者来说，佩戴游泳镜还可以纠正水中睁不开眼睛的毛病。

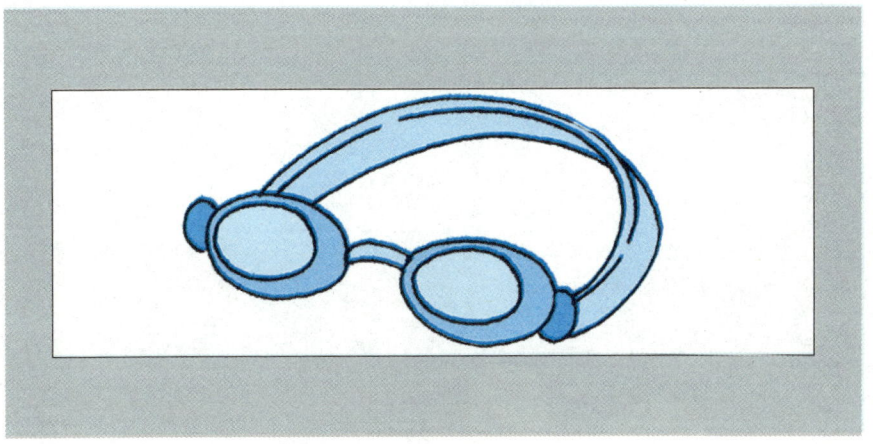

图 1-2-6

场地、器材和装备

# 第二章 运动保健

　　体育运动对增强体质、预防疾病和促进健康具有良好的作用。但是，并非所有人从事相同的运动都会达到同样的效果。对于同一种运动负荷，不同人机体的反应差异是很大的，即使同一个体，在不同时期、不同机能状态下，对同一负荷的反应及效果也是不一样的。因此，对于不同个体，应制定适合其机能需要的运动强度、时间、频率和持续周期。从事体育锻炼一定要讲究科学性，使机体最大限度地获得运动价值，使某些疾病得到有效的防治。

## 第一节

### 自我身体评价

自我身体评价是指根据个体的不同情况以及简单的功能评定标准，对锻炼者进行身体评价，并以此为依据，确定具体的锻炼内容。

 **适宜人群**

体适能是全身适应性的一部分，是人体精神和体力对现代生活的适应能力。为了促进健康，预防疾病，提高生活质量和工作学习效率，几乎所有人都可以追求健康体适能，而且经过简单的评价和测试，均可以成为目标人群，即适宜人群。

 **健康体适能评价标准**

健康体适能是指身体有足够的活力和精力处理日常事务，而不会感到过度疲劳，并且还有足够的精力去享受休闲活动和应对突发事件。

健康体适能是确定锻炼者是否为运动适宜人群的主要依据。目前的评价标准主要包括国民体质测定标准、学生体质测定标准和普通人群体育锻炼标准等。

国民体质测定标准主要包括形态指标、机能指标和素质指标 3 个部分，各项指标的测定结果均为 1~5 分，共 5 个级别。凡各项指标达不到 4 分或 5 分者，均应被纳入健身人群。

学生体质测定标准分为优秀、良好、及格和不及格 4 个级别。优秀水平以下者，均应被纳入健身人群。

普通人群体育锻炼标准分为 5 个级别，凡达不到 4 分或 5 分者，均应被纳入健身人群。

**简易运动功能评定**

简易运动功能评定的目的在于确定锻炼者有无运动禁忌症或临时运动禁忌的情况，即是否适合参加体育锻炼，以达到防备万一、避免意外事故发生的目的。目前通行的方式为 3 分钟踏台阶测试。

**目的**

测试锻炼者运动后心率恢复的情况，以评估其心肺功能。

**器材** 见图 2-1-1

30 厘米高的长凳、节拍器、秒表和时钟。

**步骤** 见表 2-1-1

图 2-1-1

（1）节拍器设定为每分钟 96 次，锻炼者依 "上上下下" 的节拍运动 3 分钟。

（2）锻炼者完成 3 分钟踏台阶后，5 秒钟内开始测量其脉搏，时间为 1 分钟，记录其心率，并依据下表评价其功能水平。

（3）运动后心率越低，证明其心肺功能越好。在运动强度允许的范围内，锻炼者可选择运动强度的较高值来进行运动。

表 2-1-1 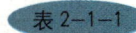 3 分钟踏台阶测试评价表

| | 年龄(岁) | 欠佳(次) | 尚可(次) | 一般(次) | 良好(次) | 优异(次) |
|---|---|---|---|---|---|---|
| 男士 | 18~25 | >115 | 105~114 | 98~104 | 89~97 | <88 |
| | 26~35 | >117 | 107~116 | 98~106 | 89~97 | <88 |
| | 36~45 | >119 | 112~118 | 103~111 | 95~102 | <94 |
| | 46~55 | >122 | 116~121 | 104~115 | 97~103 | <96 |
| | 56~65 | >119 | 112~118 | 102~111 | 98~101 | <97 |
| | 65+ | >120 | 114~119 | 103~113 | 96~102 | <95 |
| 女士 | 18~25 | >125 | 117~124 | 107~116 | 98~106 | <97 |
| | 26~35 | >128 | 119~127 | 111~118 | 98~110 | <97 |
| | 36~45 | >128 | 118~127 | 110~117 | 102~109 | <101 |
| | 46~55 | >127 | 121~126 | 114~120 | 103~113 | <102 |
| | 56~65 | >128 | 118~127 | 112~117 | 104~111 | <103 |
| | 65+ | >128 | 122~127 | 115~121 | 101~114 | <100 |

自我身体评价

**注意事项**

如锻炼者经过努力仍无法达标，或出现头晕、胸闷、出冷汗等症状，应立即终止测试。运动中应特别考虑运动强度，以防止出现意外。

## 锻炼目标

锻炼目标应根据锻炼者不同的身体状况来确定，可分为近期目标和远期目标。此外，确定锻炼目标还应结合锻炼者的运动意向、愿望、兴趣，以及本人的健康状况、疾病程度等因素来进行。

### 近期目标

近期目标是指锻炼者近期应达到的目标。在进行运动之前，应首先明确锻炼目标，即近期目标。选择一两个健康体适能构成要素，作为未来两个月内努力完成的目标，而且应从成功概率较高的构成要素开始，并将预期两个月后要达到的目标做上记号，如提高某个或某些关节的活动幅度，增强某个肌肉群的力量等。

### 远期目标

远期目标是指锻炼者最终要达到的目标。实践证明，经过科学合理的锻炼后，锻炼者是可以达到一般的远期目标的，如提高心肺功能，使其达到优秀的等级，或达到降血脂、防治高血压和冠心病的目的等。

## 运动负荷

运动负荷即运动量。怎样控制运动量，合适的运动时间是多少等，一直是人们争论不休的问题。但有一点是可以肯定的，那就是任何有关身体活动的意见和建议，都需要综合考虑锻炼者的身体状况和所要达到的目标，并以此为依据来制订科学的身体锻炼计划。

## 运动强度

在运动过程中，运动强度过小，则无法达到锻炼的效果；运动强度过大，不仅达不到最佳的锻炼效果，还可能产生一些副作用，甚至出现意外事故。确定运动强度有两种方法，即心率简易推测法和主观感觉疲劳分级表推测法。

### 心率简易推测法

（1）年龄在 20 岁左右的年轻人，身体健康，能坚持体育锻炼，欲进一步提高身体机能，可取最大心率值（最大心率值 = 220 − 年龄）的 65%～85%。

（2）年龄在 45 岁以下，身体基本健康，有运动习惯者，开始进行健身锻炼，可取最大心率值的 65%～80%，没有运动习惯者，开始进行健身锻炼，可取最大心率值的 60%～75%。

（3）年龄在 45 岁以上，身体基本健康，有运动习惯者，开始进行健身锻炼，可取最大心率值的 60%～75%，没有运动习惯者，建议根据自身情况咨询专业人员来指导和确定运动强度。

### 主观感觉疲劳分级表推测法　见表 2−1−2

运动的疲劳程度大致分为 10 级，具体为：0～1 级，没感觉；2～3 级，尚轻松；4～5 级，稍累；6～7 级，累；8～9 级，很累；10 级，精疲力竭。因此，健身锻炼的运动强度应控制在主观感觉疲劳程度的 4～7 级。

表 2−1−2　主观感觉疲劳分级表

| 0 没感觉 | | 2 尚轻松 | | 4 稍累 | | 6 累 | | 8 很累 | | 10 精疲力竭 |
|---|---|---|---|---|---|---|---|---|---|---|
| | · | | · | | · | | · | | · | |

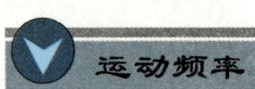

## 运动频率

运动频率是指每日及每周锻炼的次数。一般每周锻炼 3～4 次，即隔日锻炼 1 次即可。有充足的休息时间，可使机体得到充分的休息，收到更好的锻炼效果。

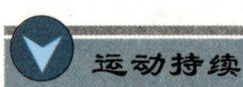

## 运动持续时间

运动强度和运动持续时间，决定了一次锻炼的运动量和热量消耗。运动持续时间与运动强度成反比，运动强度大，运动持续时间可相应缩短，运动强度小，则运动持续时间应相应延长。

一般的健身锻炼，运动持续时间以每天 20～60 分钟为宜，其中包括准备活动时间、健身锻炼时间和整理活动时间。每次健身锻炼应在 20 分钟以上，锻炼可一次性完成，也可分段进行，但每段的活动时间应在 10 分钟以上。

# 第二节

## 运动价值

运动价值是人们一直在探讨的问题。一般认为，运动具有两方面的价值，即健身价值和心理价值。身体和精神的健康是相互依存的，伴随着身体功能的改善，精神状况也能同时得到改善。

## 健身价值

健身价值在于提高体适能。体适能包括心肺耐力素质、肌肉力量素质、柔韧性素质和身体成分等。体适能的发展是积极从事锻炼的结果，只有规律性的体育锻炼才能达到最佳的体适能。

## 提高心肺耐力素质

心肺耐力是指全身肌肉进行长时间运动的持久能力，是体内心肺系统对身体各细胞的供氧能力。人体的心脏、肺、血管、血液等组织的功能是心肺耐力的基础，它们与氧气和营养物质的输送以及代谢物的清除有关。健全的心肺功能是健康的基本保证。

系统的体育锻炼，可以使心肌增厚，收缩力加强，心室容积增大，从而使心脏的泵血功能增强，表现为心血输出量增加。

系统的体育锻炼，呼吸系统机能也将得到提高，表现为呼吸肌的力量增强，肺活量、肺通气量明显增加，保证对机体供氧的能力。

系统的体育锻炼，可以促进血管系统的形态、机能和调节能力产生良好的适应力，从而提高机体的工作能力。

系统的体育锻炼，可以使血液系统产生某些适应性变化，如血容量增加、血黏度下降、红细胞膜弹性增强和红细胞变形能力增强等。

## 提高肌肉力量素质

肌肉力量是指肌肉最大收缩产生的对抗阻力或负荷的能力。肌肉力量只有达到一定的程度，才能克服外界阻力，而克服外界阻力是维持日常生活自理、从事各种劳动和运动的必要前提。

系统的体育锻炼，可以提高肌肉的生理横断面积，可以改善神经系统对肌肉收缩的支配功能，还可以提高肌肉内代谢物质的储备量，使肌肉力量得到提高。

## 提高柔韧性素质

柔韧性是指人体各关节的活动幅度，即关节的肌肉、肌腱和韧带等软组织的伸展能力。柔韧性对于保证正常生活质量、维持正常体态、预防损伤发生和减轻损伤程度等方面均起到至关重要的作用。

系统的体育锻炼，还可以延缓因年龄因素而导致的柔韧性下降，预防因缺乏运动而导致的关节结构、周围软组织和膝关节肌肉退化，从而使锻炼者的日常生活、劳动和运动等更加充满活力。

### 改善身体成分

身体成分是指人体体重中的脂肪组织和去脂组织的重量百分比。身体成分中的脂肪成分增加，肌肉成分必然下降。身体中不具备收缩功能的脂肪组织增加，必然导致身体进行各种活动的能力下降，基础代谢水平降低，肥胖症、冠心病、高血压、糖尿病、高血脂等慢性疾病发病率的提高。因此，身体成分是保证人体健康的重要内容之一。

通过系统的体育锻炼，随着锻炼者体质的增强，热量消耗便随之增加，进而燃烧掉体内多余的脂肪，使身体成分得到改善。而身体成分的改善，又可以减少体重对关节可能带来的不利影响，还可以使肥胖者的心理状况得到改善，增强其自信心，使其逐步建立起健康的生活方式。

## 心理价值

研究证明，有规律的体育锻炼不但可以使锻炼者增强体质、促进身体健康、预防一些慢性疾病，还可以提高锻炼者的生活满意度和生活质量，对其心理健康产生积极影响。

体育锻炼的心理健康效应主要表现在六个方面：

### 改善情绪状态

#### 短期效应

研究发现，体育锻炼对人的情绪状态具有显著的短期效应。运动后人们的焦虑、抑郁、紧张和心理紊乱等症状会明显减轻，而精力和愉快程度则明显增强。而且这种情绪的迅速变化，与锻炼者个体的健康状况、活动形式和活动强度等有着直接的联系。

 **长期效应**

　　体育锻炼对人情绪的长期效应有着直接的影响，与不锻炼者相比，有规律的锻炼者在较长时期内很少会产生焦虑、抑郁、紧张和心理紊乱等情绪。

 **完善个性行为特征**　见表 2-2-1

　　人们的行为特征一般可以分为两种类型，用 A 型行为特征和 B 型行为特征来表示。A 型行为特征主要表现为性情急躁、争强好胜、容易激动、整天忙碌和做事效率高等。B 型行为特征主要表现为不好竞争、不易紧张、不赶时间、对人随和、喜欢自由自在等。具有 A 型行为特征的人由于过度紧张的情绪反应，会引起内分泌失调，增加心脏病发病的概率。目前的一些研究主要集中在体育锻炼对改变 A 型行为特征的作用方面。研究结果表明，有规律的体育锻炼能明显改变 A 型行为特征。

表 2-2-1　A、B 型个性行为特征常见表现

| A 型行为特征者常见表现 | B 型行为特征者常见表现 |
| --- | --- |
| 约会从来不迟到 | 对约会很随便 |
| 竞争意识很强 | 竞争意识不强 |
| 别人要讲话时总爱抢先或插话 | 是别人讲话时很好的听众 |
| 总是匆匆忙忙 | 即使有压力也从不匆忙 |
| 等待时缺乏耐心 | 能够耐心等待 |
| 干事时全力以赴 | 处事漫不经心 |
| 同时想干很多事 | 在一段时间里只干一件事情 |
| 讲话喜欢用加强语气，甚至敲桌子 | 讲话语速缓慢，不慌不忙 |
| 做了好事希望能得到别人的认可 | 只要自己满意即可，不管别人怎样想 |
| 吃饭、走路都很快 | 做事情很慢 |
| 不善与人相处 | 为人随和 |
| 容易暴露自己的感情 | 能控制自己的感情 |
| 具有广泛的兴趣 | 没什么业余爱好 |
| 雄心壮志 | 满足于目前的工作和学习状况 |

运动价值

## 确立良好自我概念

自我概念是指个体对自己身体、思想和情感的主观整体评价，它由许多自我认识组成，包括我是什么人、我主张什么和我喜欢什么等。

坚持体育锻炼，可以使锻炼者体格强健、精力充沛、提高驾驭身体的能力，从而改善对自身的满意程度，确立良好的自我概念。

## 改变睡眠模式

根据脑电图的显示，人的睡眠可以分为两种状态，即慢波睡眠状态和快波睡眠状态。前者为浅度睡眠状态，后者为深度睡眠状态。一夜之间两种睡眠状态会交替发生 4～5 次。

有规律的体育锻炼不仅对慢波睡眠有促进作用，而且能缩短入眠的潜伏期，并延长睡眠的时间。

## 改善认知能力

体育锻炼还能改善人的认知过程，避免反应时间过长、注意力不集中和思维混乱等症状的发生，尤其对老年人的认知能力改善效果更为明显。

## 增加心理治疗效应

体育锻炼被公认为是一种心理治疗的好方法。目前人群中常见的心理疾患是抑郁症和焦虑症。研究发现，体育锻炼是治疗抑郁症的有效手段之一，抑郁症患者经过有规律的体育锻炼，抑郁症状能明显减轻。

体育锻炼还具有治疗焦虑症的作用，通过有规律的体育锻炼，可以使锻炼者的焦虑症状明显改善。

## 第三节 运动保护

在运动过程中，人体机能会随时发生变化。因此，应针对这种机能变化的特点来进行体育锻炼，也就是我们所说的运动保护。运动保护一般包括运动前准备、运动后放松和自我养护三个方面。

 **运动前准备** ◆◆◆◆◆◆◆◆◆◆

准备活动是指在正式运动之前进行的有目的的身体练习。做好充分的准备活动，可以缩短机体进入最佳状态的时间，同时还可以预防运动损伤的发生，为机体发挥最大的工作效率做好功能上的准备。

### ▼ 准备活动的作用

#### ❋ 提高中枢神经系统兴奋状态

(1)使大脑反应速度加快，参加活动的运动中枢神经相互协调。

(2)为正式运动时生理机能达到适宜程度提前做好准备。

#### ❋ 提高机体代谢水平

(1)准备活动可以使锻炼者体温升高，降低肌肉黏滞性，使肌肉的伸展性、柔韧性和弹性增强，从而有效预防运动损伤的发生。

(2)准备活动可以增强体内代谢酶的活性，使物质代谢水平提高，以保证运动时有较充分的能量供应。

#### ❋ 克服内脏器官生理惰性

(1)准备活动可以提高心血管系统和呼吸系统的机能水平,使肺通气量及心血输出量增加。

(2)可以使心肌和骨骼肌的毛细血管扩张,使其工作肌获得更多的氧,从而克服内脏器官的生理惰性,使之尽快达到最佳状态。

### ❀ 增加皮肤毛细血管血流量

准备活动可以使皮肤毛细血管的血流量增加，运动后毛细血管扩张，有利于散热，降低体温，有效防止开始正式活动时由于体温过高而影响运动能力。

## ▼ 准备活动要求

### ❀ 准备活动时间

(1)准备活动的时间可以根据运动项目的具体情况确定，一般以10～30分钟为宜。

(2)准备活动与正式运动的间隔时间，一般以不超过15分钟为宜，可以在做完准备活动后立刻进行正式运动。

### ❀ 准备活动强度

(1)准备活动的强度和量应较正式运动小，以免引起不必要的疲劳。

(2)准备活动的量可以由心率来决定，心率以100～120次／分为宜。

## ▼ 准备活动内容

### ❀ 一般性准备活动

一般性准备活动的内容多以伸展运动开始，然后进行一般性的跑步、徒手体操等活动。

下面介绍一套常用的一般性准备活动操，供锻炼者运动前使用。这套活动操主要包括头部运动、肩部运动、扩胸运动、体侧运动、体转运动、髋部运动和踢腿运动等。

图 2—3—1

### 头部运动

头部运动的动作方法（见图 2-3-1）：两手叉腰，两脚左右开立，做头部向前、向后、向左、向右，以及绕环运动。

### 肩部运动

肩部运动的动作方法（见图 2-3-2）：手扶肩部，屈臂向前、向后绕环，以及直臂绕环。

### 扩胸运动

扩胸运动的动作方法（见图 2-3-3）：屈臂向后振动及直臂向后振动。

### 体侧运动

体侧运动的动作方法（见图 2-3-4）：两脚左右开立，一手叉腰，另一臂上举，并随上体向对侧振动。

### 体转运动

体转运动的动作方法（见图 2-3-5）：两脚左右开立，两臂体前屈，身体向左、向右有节奏地扭转。

### 髋部运动

髋部运动的动作方法（见图 2-3-6）：两脚左右开立，两手叉腰，髋关节放松，向左、向右 360 度旋转。

图 2-3-2

图 2-3-3

### 踢腿运动

踢腿运动的动作方法（见图 2-3-7）：两臂上举后振，同时一腿向后半步，重心置于前腿，两臂下摆后振，同时向前上方踢腿。

图 2-3-4

图 2-3-5

图 2-3-6

图 2-3-7

### 专门性准备活动

专门性准备活动的动作方法、节奏和强度等与正式锻炼相似，目的是使人体主要肌群在运动前得到动员，为正式锻炼做好准备。

运动后放松是指运动之后所进行的一些能够加速机体功能恢复的、较轻松的身体活动。与运动前准备活动相反，其目的是使锻炼者的生理机能水平逐步得到恢复。

### 运动性手段

(1)运动结束后，锻炼者可采用变换运动部位的方法来消除疲劳，如上肢出现疲劳时可做一些慢跑运动，下肢出现疲劳时可做一些上肢运动。

(2)转换运动类型也是一种不错的放松方法，如打羽毛球出现疲劳时，可从事瑜伽运动来达到放松的目的。

(3)还可以用调整运动强度的方法来缓解疲劳，如可以在放松过程中，采用小强度的轻微运动方法等。

### 整理活动　见图 2-3-8

(1)整理活动是指运动后所做的一些能够加速机体功能恢复的身体活动，如剧烈运动后进行 3～5 分钟慢跑或其他整理活动，使身体机能得以恢复。

(2)剧烈运动后如不做整理活动而骤然停止动作，会影响氧气的补充和静脉血的回流，使机体血压降低，引起不良反应。

图 2-3-8

 **注意事项**

（1）在进行整理活动时动作应缓慢、放松，运动量不要过大，否则会引起新的疲劳。

（2）在进行整理活动时，应当保持心情舒畅、精神愉快。

锻炼后，锻炼者感觉身体疲劳是一种正常的生理现象，是体育锻炼过程中的正常反应，随着体育锻炼时间的延长，疲劳症状会自然消失。运动性疲劳出现后，锻炼者如果采用一些自我养护措施，可以加速身体机能的恢复，尽快消除疲劳，提高锻炼效果。常见的自我养护方法主要包括运动后休息、合理营养和物理手段等三种。

 **运动后休息**

**静止性休息** 见图 2-3-9

（1）静止性休息是指锻炼者运动后保持机体相对的静止状态，以促进身体机能的恢复，尽快消除疲劳。

（2）静止性休息的最佳方式之一是睡眠，特别是刚开始从事锻炼者，身体不适应或疲劳症状明显时，更应该保证足够的睡眠，否则，锻炼者虽然积极参加了体育锻炼，但收效甚微，甚至会导致过度疲劳症状的发生。

（3）静止性休息更适合于消除全身运动导致的整体疲劳症状。

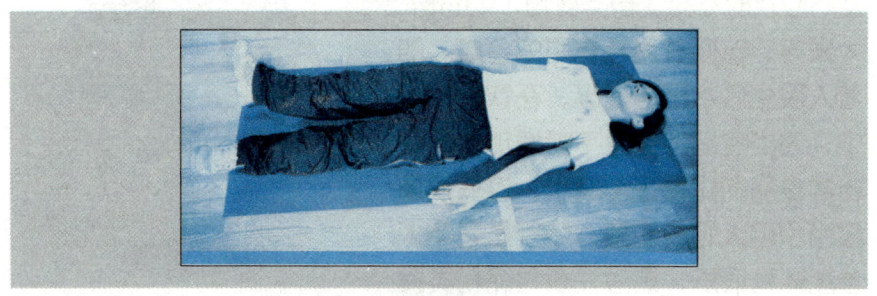

图2-3-9

 **积极性休息**　见图2-3-10

（1）积极性休息更适合由于少量肌肉群参与工作而导致的局部疲劳，或运动强度较大而导致的快速疲劳。

（2）积极性休息可以加速血液循环，有利于代谢物排出体外，对促进身体机能的恢复具有明显的效果。

图2-3-10

## 合理营养　见图2—3—11

图2—3—11

小强度、长时间的运动形式，主要是靠糖原的有氧代谢提供能量。运动后应及时补充淀粉类食物，如面粉、大米等，以促进消耗糖原的合成。随着人民生活水平的提高，在饮食结构中，肉类食品的比重不断增加，而淀粉类食品的比重逐渐减少，这一现象应当引起人们的注意，特别是老年人参加体育锻炼，更应注意对淀粉类食物的补充。

强度较大、时间又相对较长的运动形式，主要是靠糖原的无氧代谢提供能量。这样，糖原无氧代谢产物——乳酸便会在体内大量堆积。因此，运动后应多补充蔬菜、水果等碱性食品，以加速乳酸的清除，达到尽快消除疲劳的目的。

## 物理手段

### 按摩及牵拉　见图2—3—12

(1)通过刺激神经末梢、皮肤结缔组织和毛细血管的按摩方法，可以使紧张的肌肉得以放松，从而改善局部组织和全身的血液循环，达到促进身体机能恢复的目的，这种方法可以在锻炼后马上进行。

(2)此外，还可以采取缓慢牵拉肌肉的方法，使收缩的肌肉得到充分的伸展放松。

### 水疗及电疗

(1)水疗包括芬兰式蒸汽浴、热水浴和桑拿浴等多种形式，主要作用是通过提高体温，促进血液循环，清除代谢物，以达到尽快消除疲劳、恢复体力的目的。

(2)水疗的时间一般以不超过30分钟为宜，如果时间过长，会进一步消耗体力，严重时甚至会出现暂时性脑缺血现象。

（3）如果条件允许，还可对疲劳的肌肉进行低频治疗。低频治疗仪的原理是模拟针灸疗法，使用时将电极用不干胶对称地粘贴在运动部位表皮上。这种疗法可以促进局部血液循环，改善组织代谢，缓解肌肉酸痛，消除疲劳。

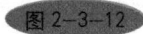
图 2-3-12

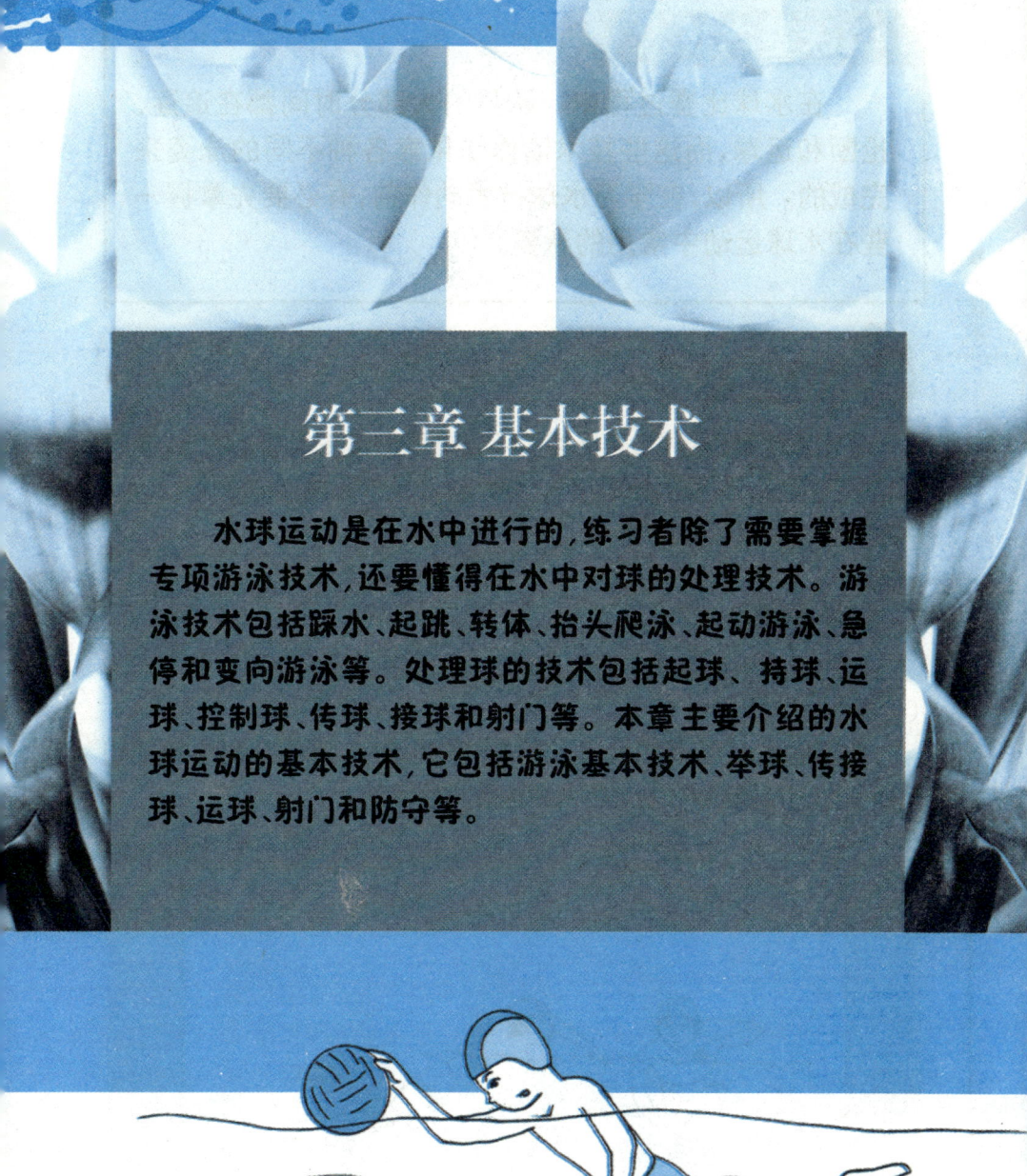

# 第三章 基本技术

　　水球运动是在水中进行的,练习者除了需要掌握专项游泳技术,还要懂得在水中对球的处理技术。游泳技术包括踩水、起跳、转体、抬头爬泳、起动游泳、急停和变向游泳等。处理球的技术包括起球、持球、运球、控制球、传球、接球和射门等。本章主要介绍的水球运动的基本技术,它包括游泳基本技术、举球、传接球、运球、射门和防守等。

## 第一节

### 游泳基本技术

在水球比赛过程中，队员的大部分时间都在追逐、抢断和运球，而这些技术动作是依靠各种不同的泳姿来完成的。所以,在学习水球技术动作前,有必要先掌握一些在水球运动中常用的泳姿。

## 常用泳姿

在水球比赛过程中,队员的头部始终是抬起在水面上的,以便保持宽阔的视野,进行进攻或防守。常用泳姿动作包括自由泳、拨水泳、踩水、出发、转身和停止等。

### 自由泳

自由泳是水球运动中最常见的泳姿,常在运球中使用,动作方法（见图 3-1-1）是:

头部抬高,由于两腿会沉入水中较深的地方,因而踢水时,膝部和两肘弯曲的程度较大,划水的次数也要相应增加。

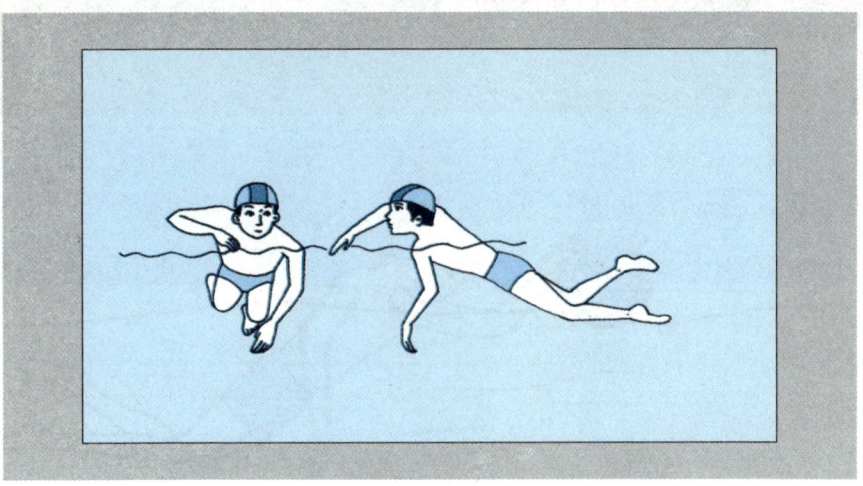

图 3-1-1

 **拨水泳**

拨水泳是急速出发，或在赛程中要转换方向时的基本游法，常在防守或进攻中运用，动作方法（见图 3-1-2）是：

两腿按侧泳的方式蹬水，每蹬水一次，两臂则按自由泳的方式划两次。

图 3-1-2

 **踩水**

踩水常在防守任意球、角球、罚球、盯防对手方、攻球时运用，动作方法（见图 3-1-3）是：

踩水的姿势犹如坐在椅子上，两腿一面在水中画椭圆形的圈子，一面把水踩向下面，以支撑身体。

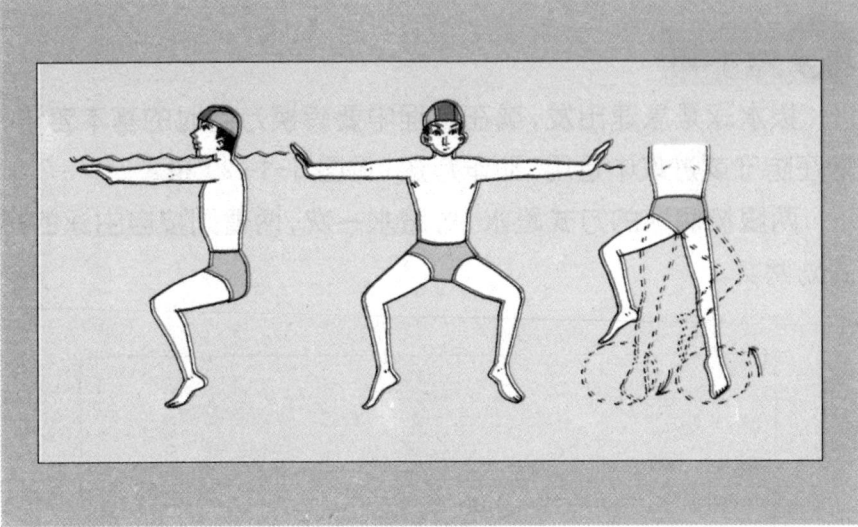

图 3-1-3

## 出发

出发的动作方法（见图 3-1-4）是：

出发时最好采用近似侧泳的方式，尽量把头抬起，肘部于水下略弯曲，两腿沉至适当位置，以便随时发动强劲的蹬水动作。

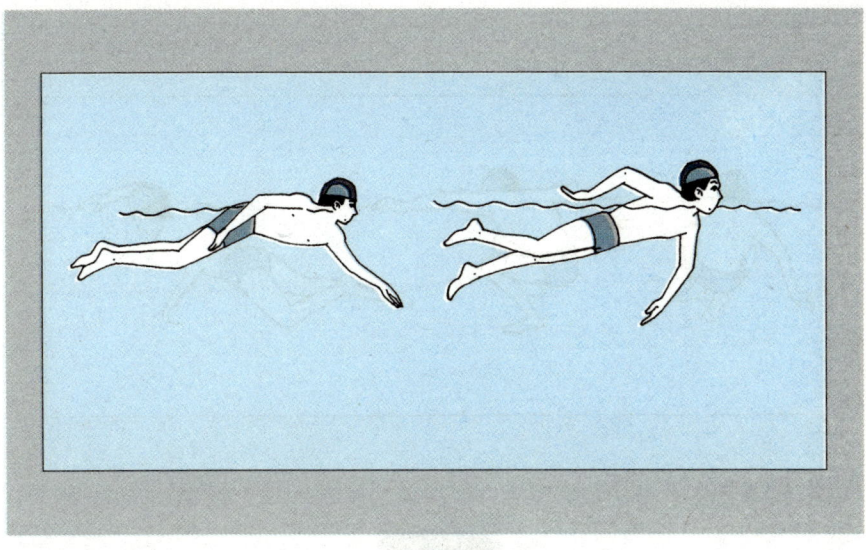

图 3-1-4

 **转身**

转身常在进攻、防守或抢断的过程中运用,经常是急停转身,动作方法(见图 3-1-5)是:

在游泳前进的时候,若要右转,可用右手反过来向前面划水,同时把另一只手调往要转身的一面,两腿尽量弯曲,用已经伸在前面的一只手用力划水一次,使身体扭转,在身体转定方向的同时,随即进行出发的动作。

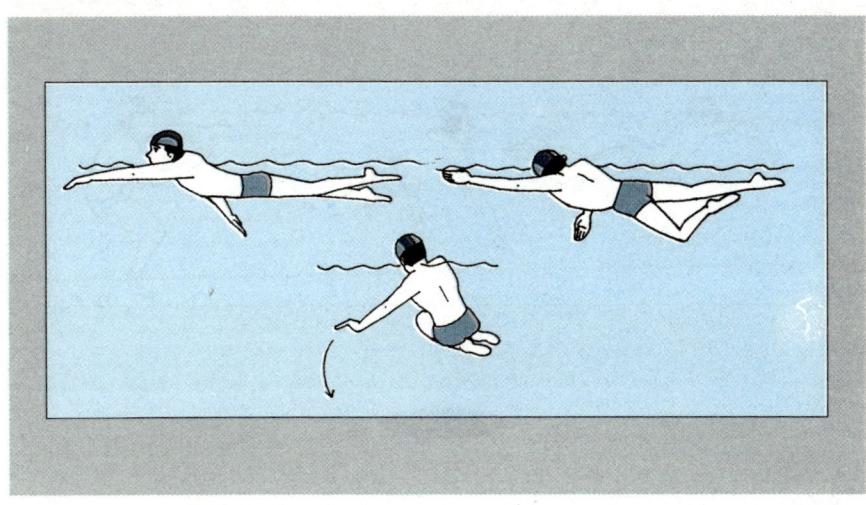

图 3-1-5

 停止

　　停止的动作方法（见图 3-1-6）是：

　　（1）在进行自由泳时，如要立即停止，可以用正在划水或刚刚划水的手掌用力向前推水，另一只手也跟着做同样的动作。

　　（2）上身垂直，张开两臂和两腿，可加速停止身体的前进。

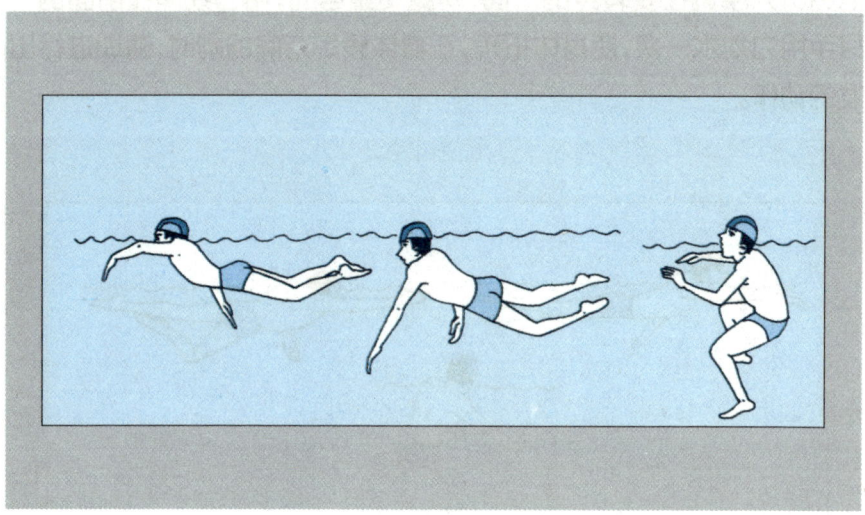

图 3-1-6

基本练习

基本练习是水球技术练习的基础,包括各种游泳练习和踩水练习等。

各种游泳练习包括顺序颠倒的个人混合泳、蝶泳划手加自由泳打腿、蛙泳短冲、自由泳打腿、短冲加潜泳、钻水占前位、急停和起动、游动改变方向、自由泳仰泳交替游进、垂直蛙泳、仰躺反划水、单臂高举侧泳、往返冲刺、抬头短冲、拖带同伴和打腿短冲组合等。

顺序颠倒的个人混合泳

顺序颠倒的个人混合泳的动作方法是:

游 200～400 米顺序颠倒的个人混合泳。

蝶泳划手加自由泳打腿

蝶泳划手加自由泳打腿的动作方法是:

头部保持抬出水面,除用自由泳打腿外,还可采用蛙泳蹬腿或其他泳式的腿部动作。

蛙泳短冲

蛙泳短冲的动作方法是:

采用快频率的蛙泳,抬头,交替蹬腿。

自由泳打腿

自由泳打腿的动作方法是:

(1)在 50 米泳池进行,两手保持在前,自由泳打腿。

(2)头尽可能高抬,两腿用力打水。

(3)游 5～6 圈,每圈间歇 10～15 秒钟。

短冲加潜泳

短冲加潜泳的动作方法是:

快速游 2～3 圈(其中 1 圈潜泳),每圈间歇 15 秒钟,进行 3～4 次。

## 钻水占前位

钻水占前位的动作方法是：

一前一后，交替钻水占前位，视情况而定游多少圈。

## 急停和起动

急停和起动的动作方法是：

（1）将队员分成几组，分别站于各泳道，发出信号后，各泳道的第一人开始起动，短冲4～8个动作，听到哨声立刻急停。

（2）第三声哨响，再次短冲，同时各泳道的第二人也开始起动。

（3）如此顺序，直到所有人到达泳池另一端，重复多次练习。

## 游动改变方向

游动改变方向的动作方法（见图3-1-7）是：

（1）将全队分成几组，第一声哨响，各组的第一人抬头短冲，第二声哨响，快速改变方向，向出发点回游，重复6次，最后一声哨响，径直冲到游泳池另一端。

（2）当第三声哨响时，各组的第二人开始短冲；如此顺序，直到全部队员到达游泳池另一端。

（3）做180度转身时，一只手臂在水下做强有力的划水，屈膝收两腿，划水结束后，两腿伸展，向反方向蹬出；另一只手臂在水面上向改变的方向用力甩，做一次有力的打腿和划手，完成整个180度转身动作。

图3-1-7

**自由泳仰泳交替游进**

自由泳仰泳交替游进的动作方法是：

（1）将队员分成几组，第一声哨响，各组第一人用自由泳做抬头短冲。

（2）第二声哨响，翻身180度游仰泳，第三声哨响，再翻身俯卧，用自由泳游到泳池端。

（3）第二人在第四声哨响后出发，重复第一人动作，依次类推。

 **垂直蛙泳**

垂直蛙泳的动作方法（见图3-1-8）是：

（1）身体垂直游蛙泳，胸部露出水面，尽量高起。

（2）最好采用交替蹬水法，向下蹬夹水时脚弓内侧和小腿内侧要呈最大对水面。

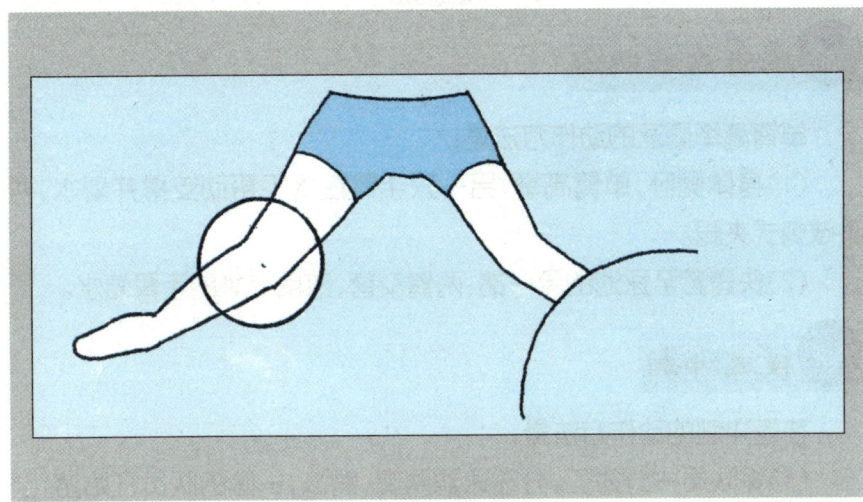

图3-1-8

 **仰躺反划水**

仰躺反划水练习的动作方法（见图3-1-9）是：

（1）预备姿势呈仰卧，保持两脚和胸部露出水面。

（2）用双手划水，向脚的方向推进，游到泳池的另一端。

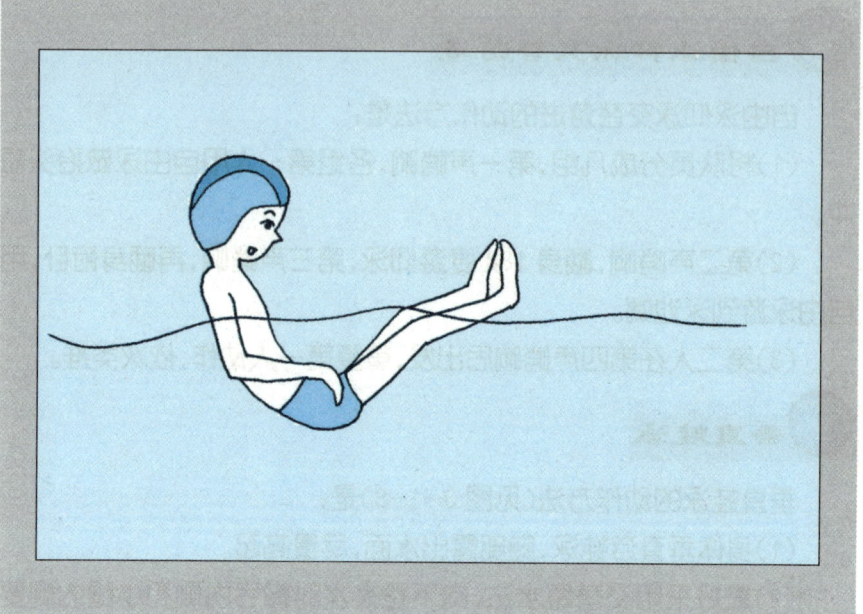

图 3-1-9

### 单臂高举侧泳

单臂高举侧泳的动作方法是：

（1）身体侧卧，单臂高举，另一只手臂在水下帮助支撑并划水，两腿做剪式夹腿。

（2）快速游至泳池的另一端，两臂交替，改用上举的手臂划水。

### 往返冲刺

往返冲刺的动作方法是：

（1）将队员一分为二，分在泳池两端，哨响，一端的队员开始游，至距泳池边 1 米处，变向回游。

（2）另一端队员接着做同样练习。

### 抬头短冲

抬头短冲的动作方法是：

（1）短划水，快频率，抬头，身体高浮。

(2)运用高肘移冲技术，头部保持在水面上，自由泳式前进。

拖带同伴的动作方法是：

将队员分成几组，各组的第二人抓住第一人的脚踝或游泳裤，由第一人拖带着短冲至泳池的另一端。

打腿短冲组合的动作方法是：

(1)两臂前伸，做自由泳打腿。

(2)听到哨响，立即划手，并全力冲刺，注意前四个划手动作，以及强有力的剪式夹水。

(3)第二声哨响，回到两臂前伸的姿势，做自由泳打腿，如此反复。

踩水练习常用于有一定基础的练习者，它的动作难度较大，不容易掌握。踩水练习要求练习者两腿交替做蛙泳蹬水，使游泳裤尽量露出水面，身体前倾，保持腿和身体约呈 80 度角（如同坐在椅子上），两手可用于支撑，以便身体更好地保持平衡，两腿应在身体之下（即膝与胸在一个垂直面上），以便更好地支撑身体。如果两腿和两脚在身体后面，那么踩水支撑作用就很差，对抗时便不能保持良好的身体位置，而且也缺乏蹬水的爆发力。踩水练习包括两腿交替踩水和两腿交替踩水加短冲等。

两腿交替踩水的动作方法（见图 3-1-10）是：

(1)将队员分成几组，排在泳池一端，第一声哨响，各组的第一人开始做两腿交替踩水，"走"向泳池的另一端。

(2)行进过程中要求两手出水，抱头，面向前进的方向。

(3)改变行进方向，进行向左、向右"横走"和向后"走"。

（4）改变手部动作，进行两手在水中支撑同时踩水，一手在水中支撑同时踩水，两手出水同时踩水和两臂靠耳举起，两手握住对侧肘部同时踩水等。

图 3-1-10

### 两腿交替踩水加短冲

两腿交替踩水加短冲的动作方法是：

（1）将队员分成几组，排在泳池一端，第一声哨响，各组第一人用手与腿支撑，尽量高踩水。

（2）第二声哨响做短冲，以自由泳游到另一端。

（3）连续进行，直到全体队员都到达另一端。

（4）进行踩起（尽量使身体升高）、向前"走"练习。

（5）进行踩起、"横走"、短冲练习。

（6）进行第一声哨响短冲，第二声哨响踩水高起，第三声哨响短冲到另一端的练习。

## 第二节

### 举球

水球运动中的控制球能力直接影响着比赛结果。同时，控球方法的正确与否，还能够直接体现出一名选手的竞技水平。用两腿和一只手使身体浮在水面，单靠另一只手来持球或举球的动作，对初学者来说，并不是很容易掌握的技术，需要认真学习。举球包括自球底捞起举球法和从球顶抓起举球法等。

### 自球底捞起举球法

自球底捞起举球法的动作方法（见图 3-2-1）是：

轻轻张开五指，把手掌置于球底下，利用手指与手掌间略凸起的肌肉轻夹球，然后举至头部后上方的位置，注意不要让掌心紧贴球身。

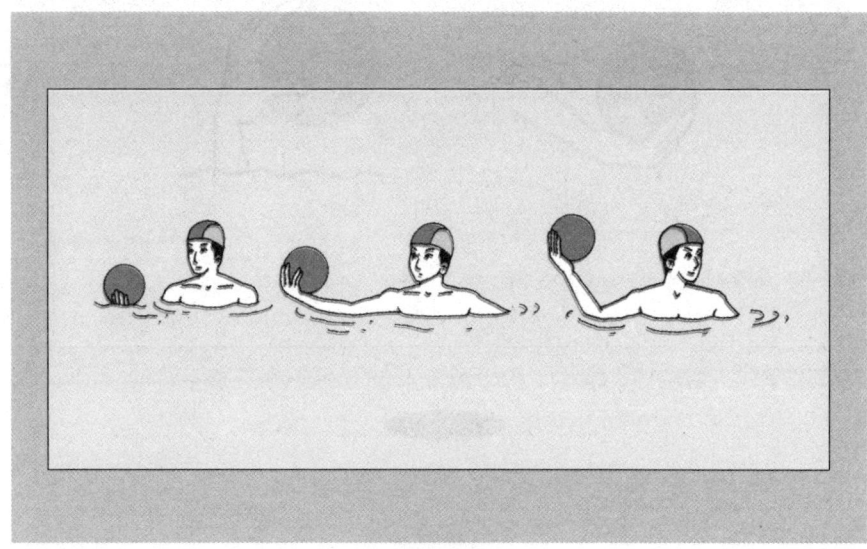

图 3-2-1

## 从球顶抓起举球法

从球顶抓起举球法的动作方法（见图 3-2-2）是：

（1）张开五指罩住球顶，用力把球压入水中，同时利用球身反向上浮的力量，把罩着球的手掌由外向内反转，用偏于小指的方向把球举起至耳后上端。

（2）也可以不把手反转，而是直接把球举起。

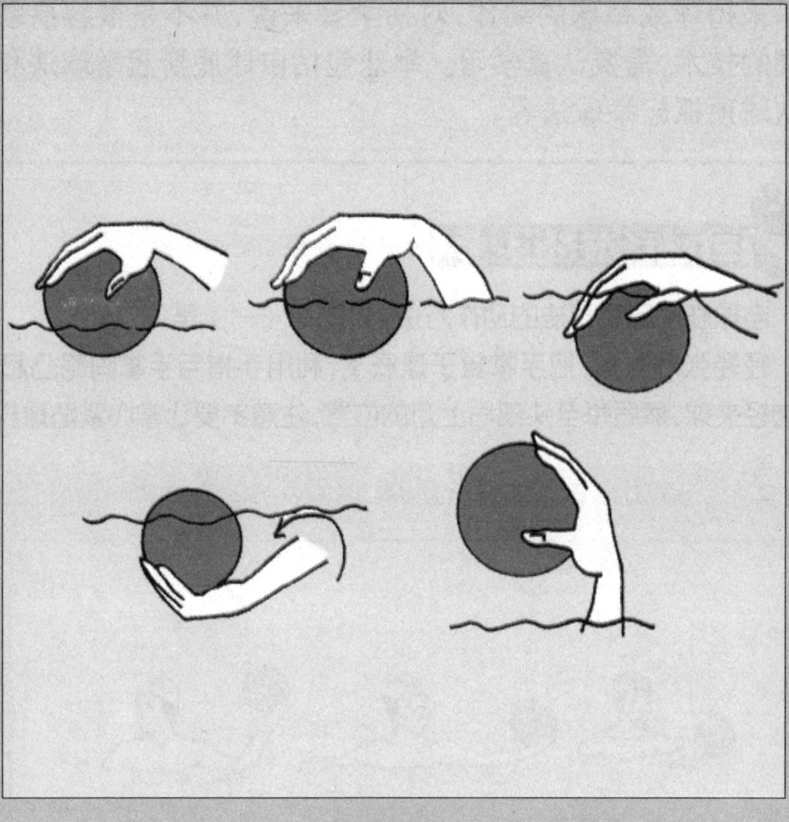

图 3-2-2

## 传接球

　　传接球是水球比赛中的重要环节，传接球的准确性常常决定最终的胜负。一支优秀水球队的特点之一，就是传接球的准确性胜于其他队。一名教练员如果能制定出一套完善的传接球练习方法，对迅速提高球队的水平是相当有帮助的。因此，练习者应该把全部练习时间的 20% 应用于练习传接球。传接球包括起球、投掷球、接球、传球和传接球专项技术等。

### 起球

　　起球包括水下起球、按压起球、转动起球和抓球起球等。

### 水下起球

　　水下起球的动作方法（见图 3-3-1）是：

　　(1)手位于球底，掌心向上贴着球底中心。

　　(2)迅速将球托起，拉至头后，将球传出。

图 3-3-1

按压起球的动作方法（见图3-3-2）是：

（1）手掌心朝下，置于球的顶部中心。

（2）轻轻向下按压球，使球利用浮力弹起，然后立即将球举在手中，向下按压时用力不能太大。

图3-3-2

转动起球的动作方法（见图3-3-3）是：

（1）手掌心朝下，置于球的顶部中心。

（2）利用手向左或向右转动的力量使球离开水面，将球举起。

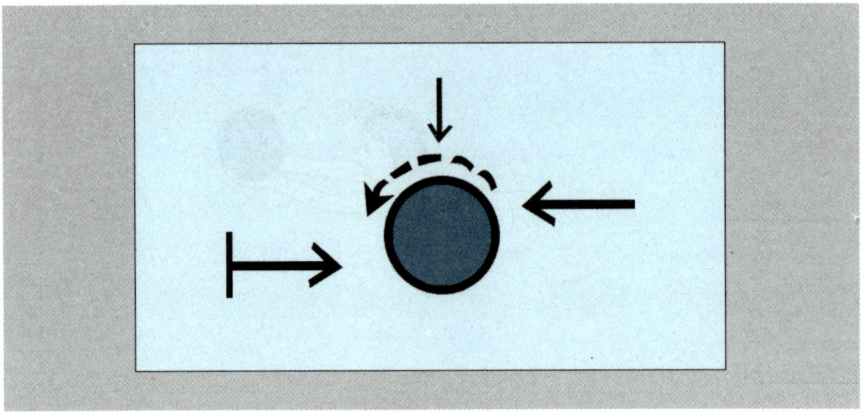

图3-3-3

抓球起球的动作方法（见图 3-3-4）是：

如同抓棒球一样将球抓起。

图 3-3-4

投掷球的动作方法（见图 3-3-5）是：

（1）持球于头后，右手投掷，左肩对着目标，左手在水中支撑。

（2）左臂、左肩向左转动，开始投掷动作，整个投掷臂的动作就像甩鞭，右肩如鞭头，右手如鞭梢，投掷臂甩动要有速度。

（3）右肘领先时，手臂应呈 90 度角，肘部过右耳时，手平放。

（4）前臂和手做有力的甩动，手腕猛扣，完成掷球的弧形动作。

（5）投掷动作完成时，手臂甩直，对准投掷目标，出球后手指放松。

图 3-3-5

接球包括直接接球和间接接球等。

直接接球的动作方法（见图3-3-6）是：

（1）利用单臂和两腿的力量尽量使身体浮出水面，朝着来球的方向高举另一只手，张开五指，在球落到水面之前，迅速在头部前方接球。

（2）手指放松，触球后手臂后引。

（3）尽可能早接触球，将球引到头后再将其控制住。

（4）手指和手臂要放松，不要过于僵硬。

图 3-3-6

间接接球的动作方法（见图3-3-7）是：

与直接传球的姿势相似，但举起来准备接球的一只手，其高低要配合来球，利用手掌在水面接球。

图3-3-7

传球包括上手传球、伸臂式传球、推打式传球、反手传球和钩式传球等。

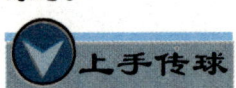

上手传球的动作方法（见图3-3-8）是：

（1）用右手把球举往头部后上方，手指紧贴球身后面，扭转身体准备抛球。

（2）用另一只手压水，两腿按侧泳的动作用力蹬水，使身体浮出水面，然后把球抛出。

（3）抛球手的肘部应该完全离开水面。

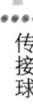

图 3-3-8

伸臂式传球的动作方法（见图 3-3-9）是：

（1）拨动传球者前面的球，让它离开身体至伸手可及的地方。

（2）两腿按蛙泳、侧泳或自由泳动作蹬水，使身体向前浮起，手抓住球底部，一面伸直手臂，一面向小指的方向扭转手掌，把球举起。

（3）再把持球手举高，同时改成仰泳姿势，向远离于对手的一边进行传球。

图 3-3-9

 推打式传球

推打式传球的动作方法（见图 3-3-10）是：

先按运球姿势张开五指罩住球顶，略用力把球压入水中，当它利用反作用力跳出水面时，用手掌向前连推带打的方式传球。

基本技术

图 3-3-10

反手传球的动作方法（见图 3-3-11）是：

先用手罩住球顶，往水中压，当球身反冲浮出水面时，手腕扭向大拇指方向，使手掌向后，从球顶持球，然后伸直并扭转肘部，将球朝上抛向后方。

图 3—3—11

 **钩式传球**

钩式传球的动作方法（见图 3-3-12）是：

面对目标方向，伸直手臂，五指张开，从下面将球捞起，做出画半圆的动作，待球运行至自己的头上时，将球抛掷出去。

图 3-3-12

 **传接球专项技术**

传接球专项技术包括对抗传球、跃起正手传水面反弹球、颠球、两腿交替踩水传球、仰卧传球与转体、拉开距离传球、中间人传球和四人方形传球等。

 **对抗传球**

对抗传球的动作方法是：

(1)在对抗情况下能拿到球，防守时不犯规。

(2)在对抗情况下能准确、及时地传球给本方突破队员。

## 跃起正手传水面反弹球

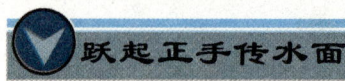

跃起正手传水面反弹球的动作方法(见图 3-3-13)是：

(1)右手持球从水中起球，两腿交替踩水，左手支撑，保持身体垂直和跃起，适当转动，将球传在水面上，使之弹起，一圈大约传 6 次。

(2)换左手传球，向相反方向重复。

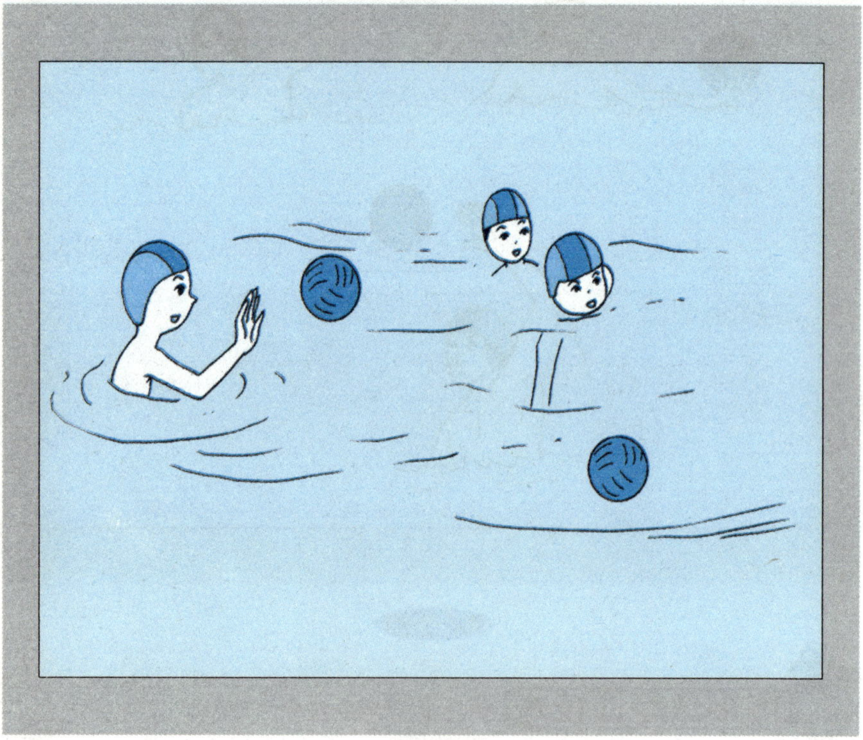

图 3-3-13

## 颠球

颠球的动作方法(见图 3-3-14)是：

持球者被对方一个以上队员夹击时，为避免失球，一般把球挑起在空中，再用指尖连续颠球，直到将球传出或控制住。

图 3—3—14

 **两腿交替踩水传球**

两腿交替踩水传球的动作方法(见图 3—3—15)是:

(1)两人一组,面对面,从泳池一端开始做两腿交替踩水,保持两手举出水面,互相短传,边传边走完池长。

(2)上一组已"走"一定距离后,下一组开始,传球队员之间的距离可变化,通常必须保持一定的近距离。

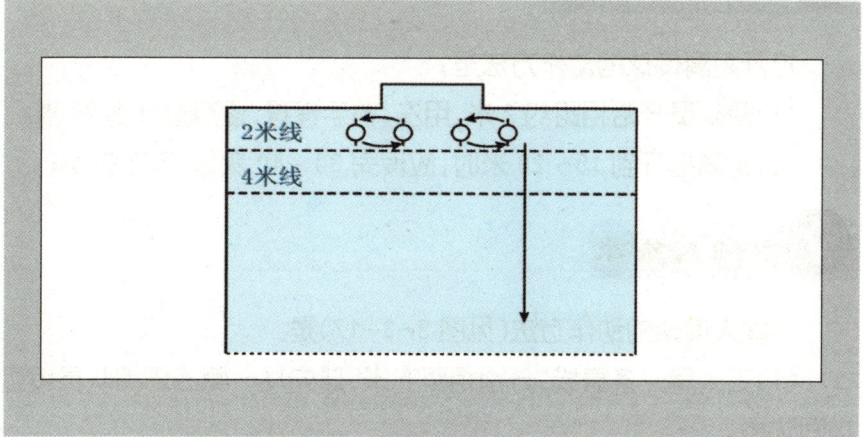

图 3—3—15

 **仰卧传球与转体**

仰卧传球与转体的动作方法(见图3-3-16)是:

(1)持球手在球下或球上,右手持球向左转体,左手持球则向右转体。

(2)传球片刻双腿做有力的蹬水,通常进攻者如未避开对方,则必须再次转体并继续带球游动。

图3-3-16

 **拉开距离传球**

拉开距离传球的动作方法是:

(1)两队员开始相距约2米,用左、右手传球,逐渐拉开到20米。

(2)距离拉开到15～20米时,应传完30～40次球,不能失误。

 **中间人传球**

中间人传球的动作方法(见图3-3-17)是:

(1)三人呈一条直线,分别相距5米,球先从一侧的外围队员传给中间队员。

(2)中间队员接球后立即传给另一侧的外围队员,再回传给中间队员,如此反复。

　　(3)中间队员必须用左手、右手传接球,每名队员轮换居中,做接传球 3~5 分钟。

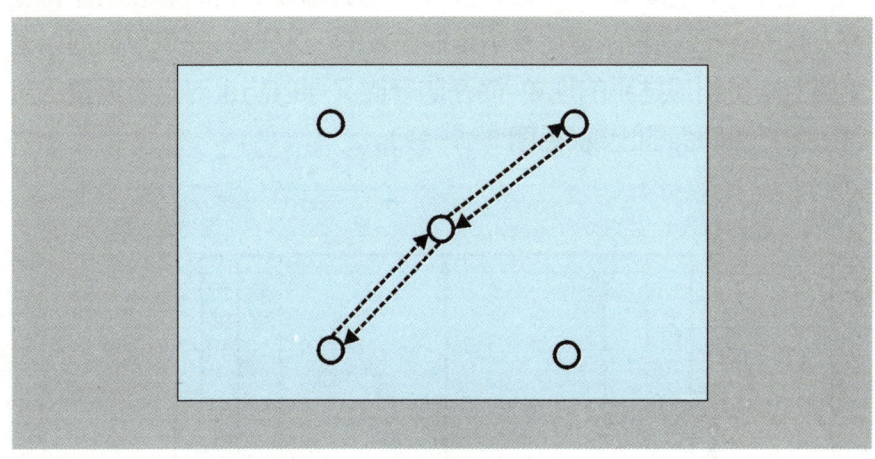

图 3-3-17

**四人方形传球**

　　四人方形传球的动作方法(见图 3-3-18)是:

　　(1)四人组成正方形,先向一个方向传球,哨响后改变方向。

　　(2)队员用左手、右手(两手举出水)进行,尽量做到快速传球。

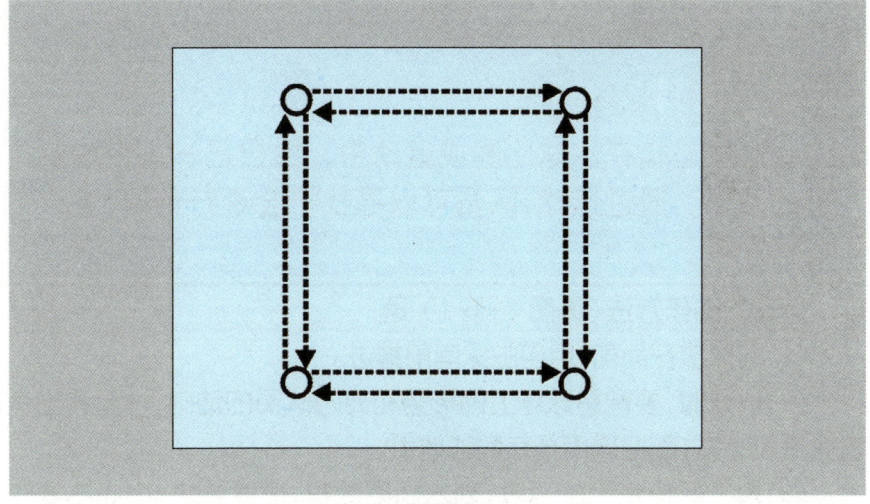

图 3-3-18

## 队员分布平衡 ◆◆◆◆◆◆◆◆◆◆

比赛中要使场上队员的分布保持平衡,即在场上两边经常保持相等人数的队员,这在水球比赛中是很重要的。这样做,在进攻时可以避免场上队员出现堆积的现象,而在防守时又可以防止对方所期望的暂时以多打少局面的出现(见图3-3-19)。

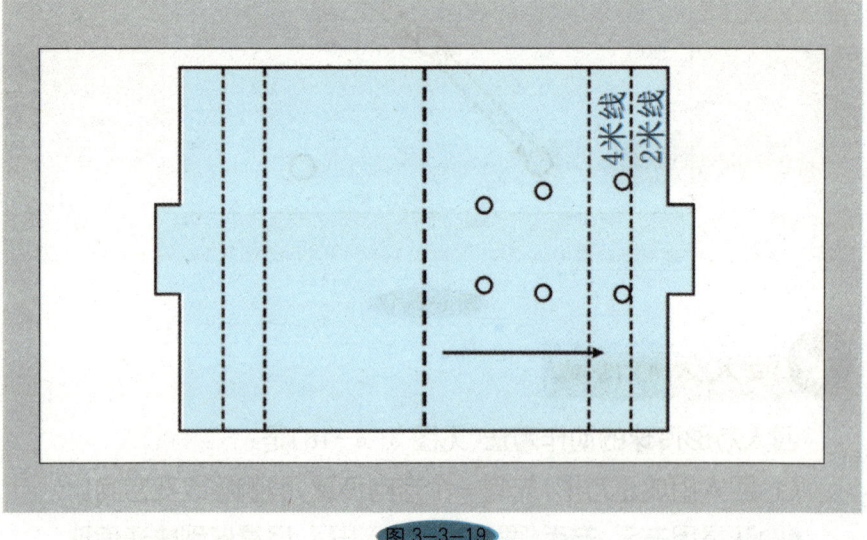

图 3-3-19

## 第四节

### 运球

运球是指在水球比赛或运动中,由自己一人带球前进的动作。通过运球,队员可以寻找机会进行传球、进攻或防守等。

运球的动作方法(见图3-4-1)是:

(1)把球放在面前,用自由泳向前推进。

(2)运球时,要留意球场上的形势和对方队员的动向,一旦看出有机会进攻,应立即把球传至有利的地点。

(3)为了保持有用的速度,划水距离要短,速度要快,小心不要使两臂打中球身,以免把球撞出两臂之间的范围之外。

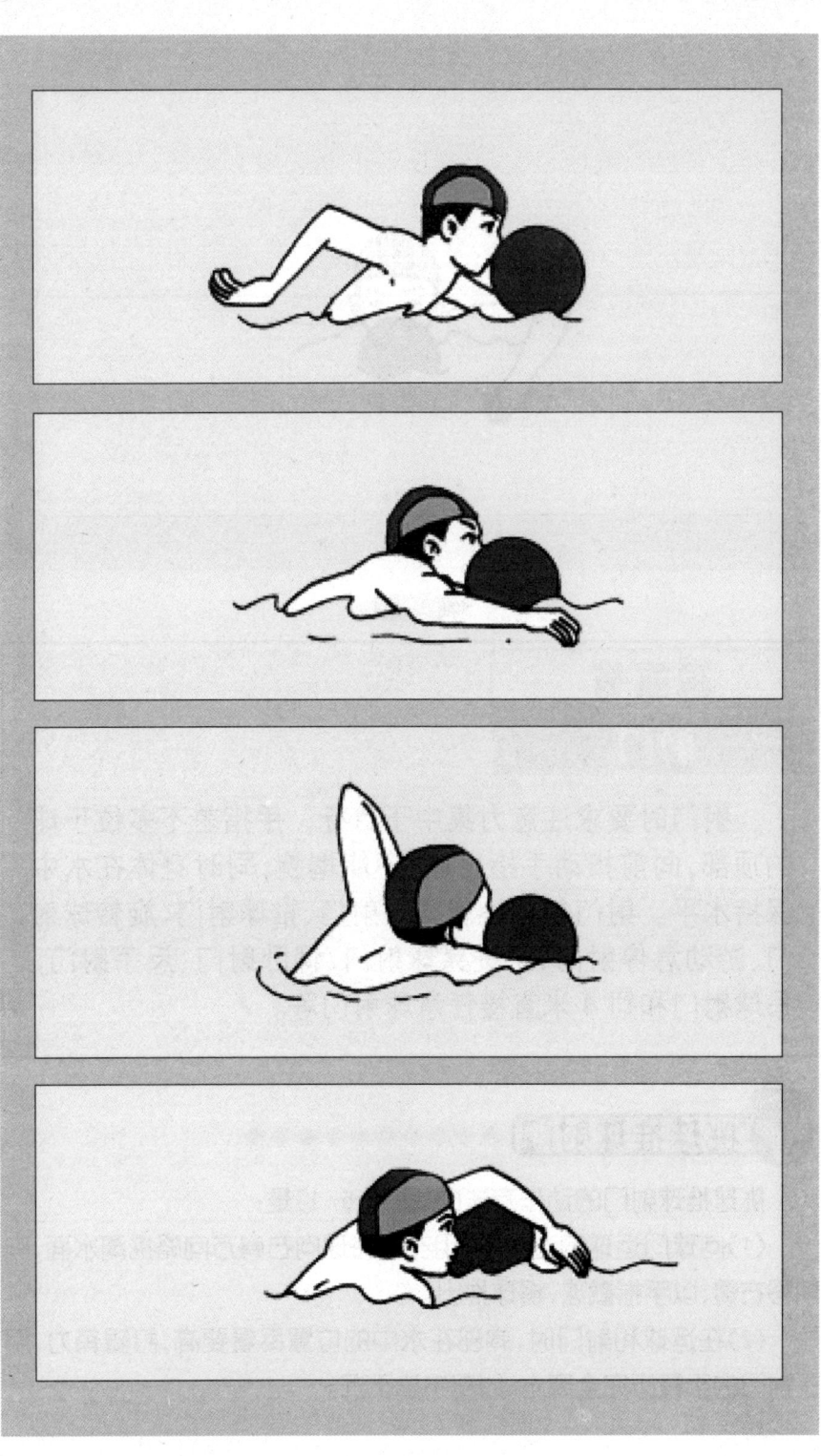

图 3-4-1

# 第五节

## 射门

　　射门时要求注意力集中于目标，手指差不多位于球的顶部，向前扣动手指出球，不能塌腕，同时身体在水中保持水平。射门包括挑球推球射门、推球射门、旋转球射门、游动急停射门、游进晃球射门、仰卧射门、反手射门、吊球射门和罚 4 米直接任意球射门等。

### 挑球推球射门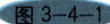

　　挑球推球射门的动作方法(见图 3-5-1)是：

　　(1)向球门运球的过程中，用左手将球向右肩方向略挑离水面，向前移右臂，以手指戳球，将球推出。

　　(2)在运球和射门时，肩部在水中的位置尽量要高，打腿有力，用于射门的手臂应完全离水，肘部不能下沉。

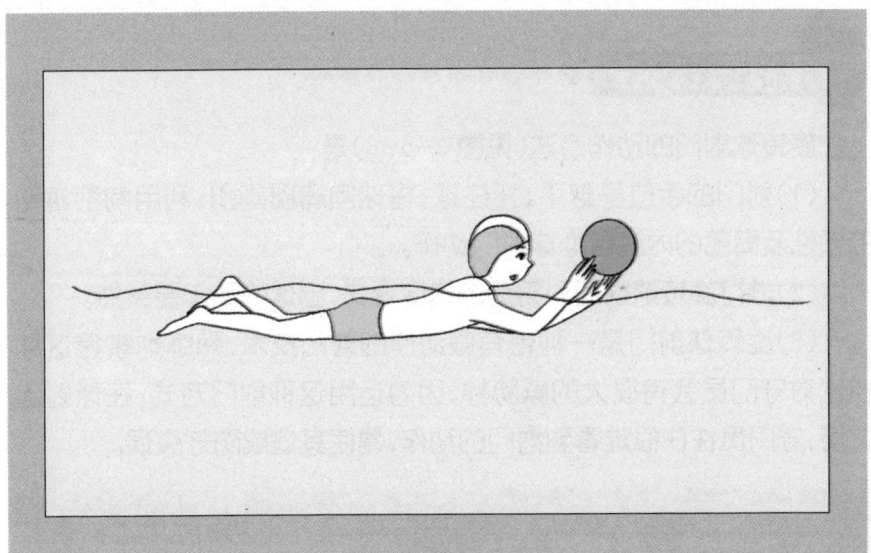

图 3—5—1

 推球射门

推球射门的动作方法（见图 3—5—2）是：

（1）习惯射门的一手放于球的顶部，略微下压，使球反弹。

（2）当球离开水面时，立即像挑球推球射门一样进行射门。

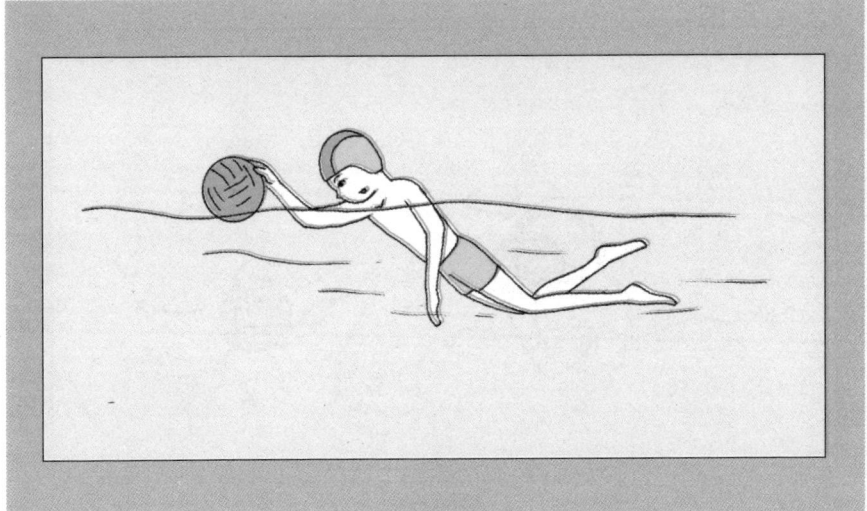

图 3—5—2

## 旋转球射门

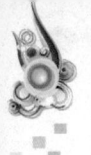

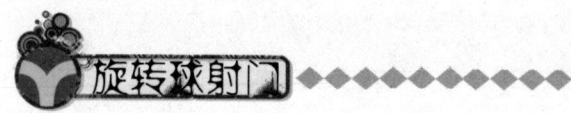

旋转球射门的动作方法(见图 3-5-3)是:

(1)射门的手位于球下,托住球,将球向肩部回引,利用向前游动的惯性及臂部的内旋做推球射门动作。

(2)进行旋转球射门时游动的速度要快,出球的动作要突然。

(3)旋转球射门是一种带有假动作的射门技术,熟练地掌握这种技术对守门员会有很大的威胁性,因为运用这种射门方式,在球射出之前,守门员往往很难看到射门的动作,易使其造成防守失误。

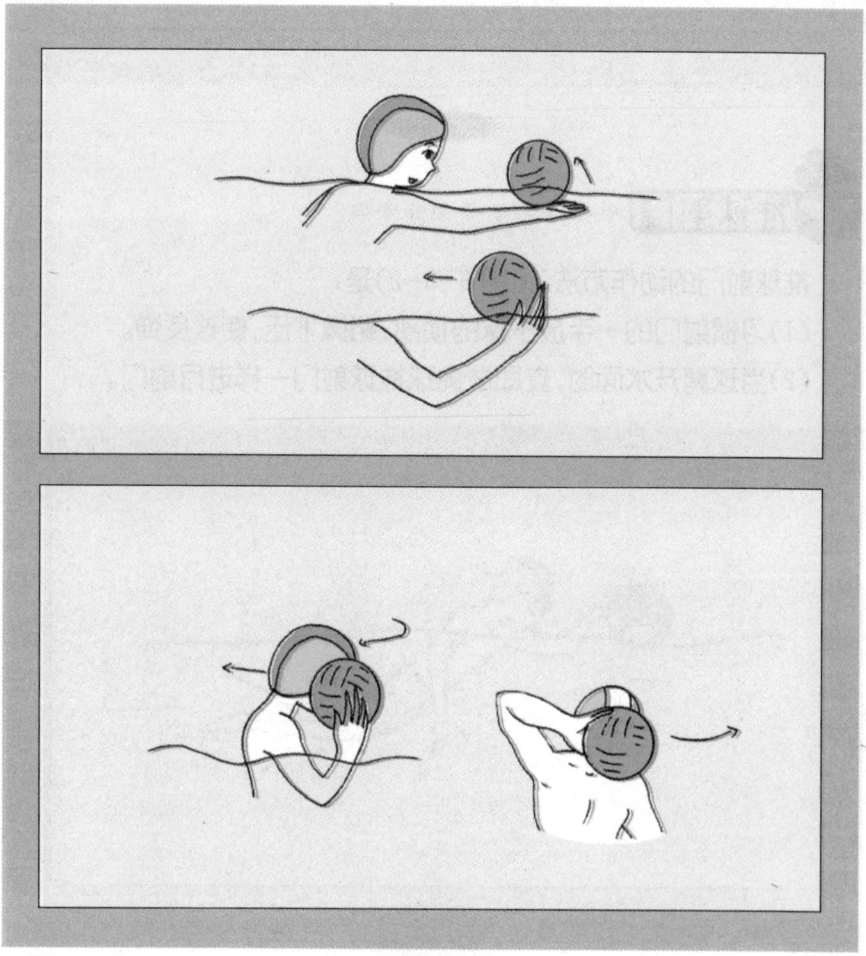

图 3-5-3

## 游动急停射门

游动急停射门的动作方法（见图 3-5-4）是：

（1）从小场切入到球门前 7~8 米处急停，跃起接球，接到球后立即起手射门。

（2）两腿和不射门的手做支撑动作，使上体尽可能地高出水面，两腿弯曲，快速前收到身体下面，再向下蹬出，以升高体位。

（3）射门应快速有力。

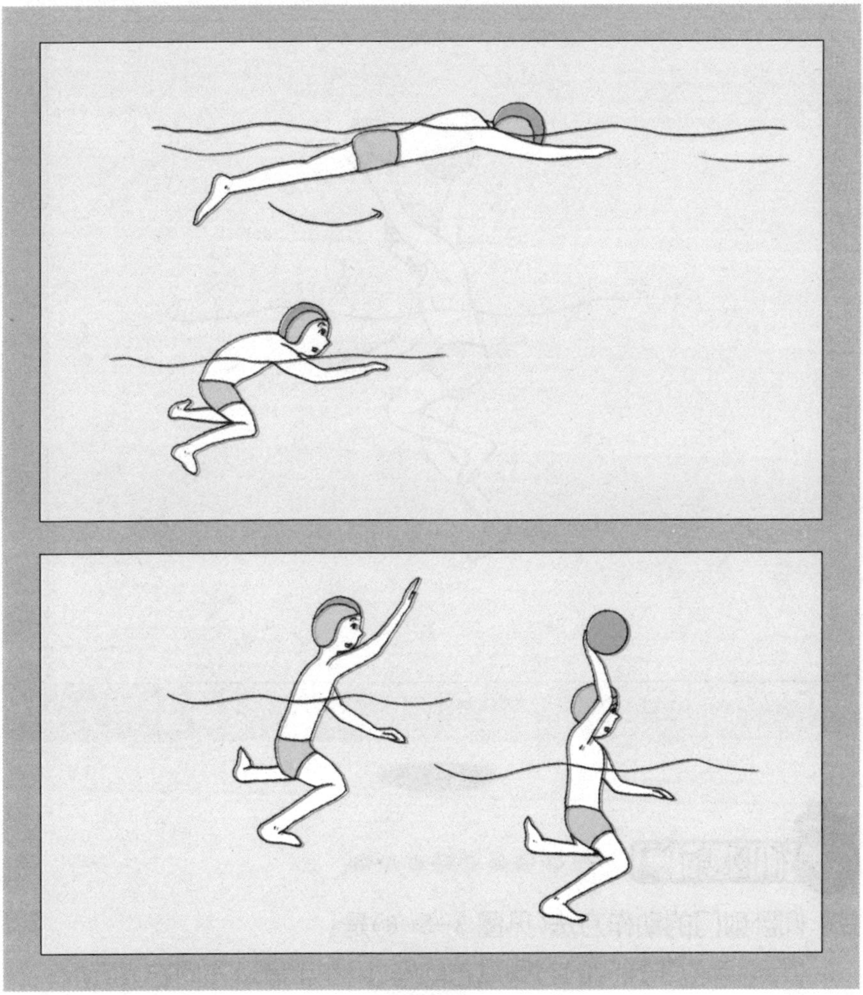

图 3-5-4

## 游进晃球射门

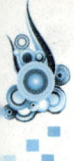

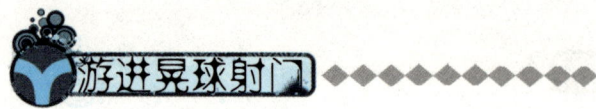

游进晃球射门的动作方法(见图 3-5-5)是：

(1)水中的手做小幅度划水动作，帮助身体保持平衡，身体侧对投掷方向，手持球并前后晃动使对方不知何时传球或射门。

(2)晃球过程中要保持高速，在将要射门、快速突破成功或对方逼近可能偷球时，均可运用这一技术。



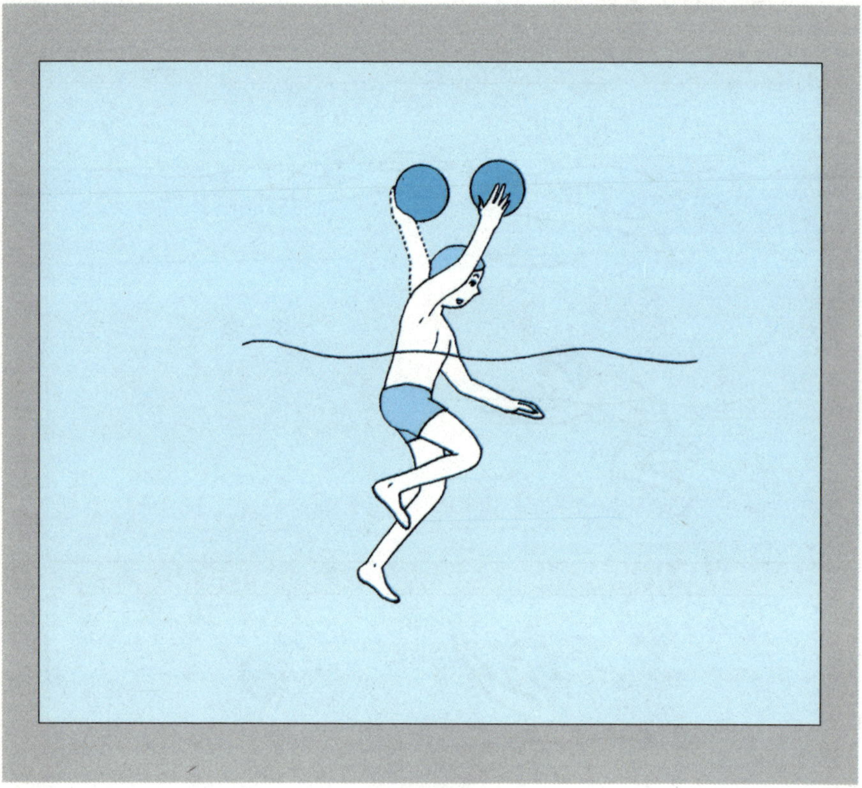

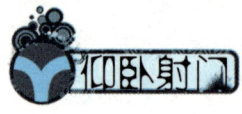

图 3-5-5

## 仰卧射门

仰卧射门的动作方法(见图 3-5-6)是：

(1)射手位于球门的右侧从右向左(用左手者从左向右)游动。

(2)进行仰泳姿势射门。

图 3-5-6

 **反手射门**

反手射门的动作方法(见图 3-5-7)是:

(1)进攻者背向球门,一般采用下压起球或水下起球。

(2)手臂和肩露出水面,臂内旋,甩臂时上臂和肘应先行。

(3)手臂大约弯曲至 90 度,当上臂与肩呈一直线时,手臂甩直出球沿出球方向继续甩动。

图 3-5-7

## 吊球射门

当守门员离球门较远时采用吊球射门,动作方法(图3-5-8)是:

(1)将球高抛绕过守门员的射门。

(2)射门时要注意手臂的鞭甩动作和手指的拨球。

图3-5-8

## 罚4米直接任意球射门

罚4米直接任意球射门的动作方法是:

(1)一个队选择2～3人作为主罚4米直接任意球的队员。

(2)比赛中一名队员不应连续罚球2次以上,在一名队员已罚球2次后,应换另一人主罚。

(3)如果一队员刚做了全场反击,可能会因体力下降而影响罚球的成功率,应换其他队员主罚。

(4)选择罚4米球最好的角度是下角,因为守门员按习惯是向上起跳,有可能漏低球。

(5)射门前不应看射门的角度,而应注视球门的中间或守门员的身体,不要看守门员的眼睛。

## 第六节

# 防守

防守是水球运动重要的一环,防守者要不断紧逼,尽量封断进攻者的每一次传球,好的防守者应迫使进攻者在移动或传球过程中出现错误。"判断"在水球防守中是十分重要的,每一名队员都要力争具有预见性,以便在各种情况下取得主动,要不断紧逼,迫使对方匆忙传球或传球失误。在这种情况下,加上正确的判断,就能获得反击的成功。防守包括紧逼人盯人、保持不断紧逼、站位、抢占传球路线、守门员呼唤、补位、防守罚4米任意球、防守罚2米任意球和防守原则等。

紧逼人盯人的动作方法是:

(1)进行人盯人的紧逼。

(2)每名队员都必须积极紧逼,不断给对方压力,如果有一名队员放松了紧逼,整个防守就可能失效。

## 保持不断紧逼

保持不断紧逼的动作方法是:

(1)进行不断紧逼,迫使进攻的一方不能将球带到前场,超过规定的控球时间。

(2)如紧逼得好,使对方匆忙传球,就可能断球,制造局部以多打少的机会。

站位的动作方法(见图3-6-1)是:

（1）当球进入防守者半场，防守者应位于进攻者与球门之间。

（2）当球不在防守者半场，防守者可位于进攻者的边上或前面。

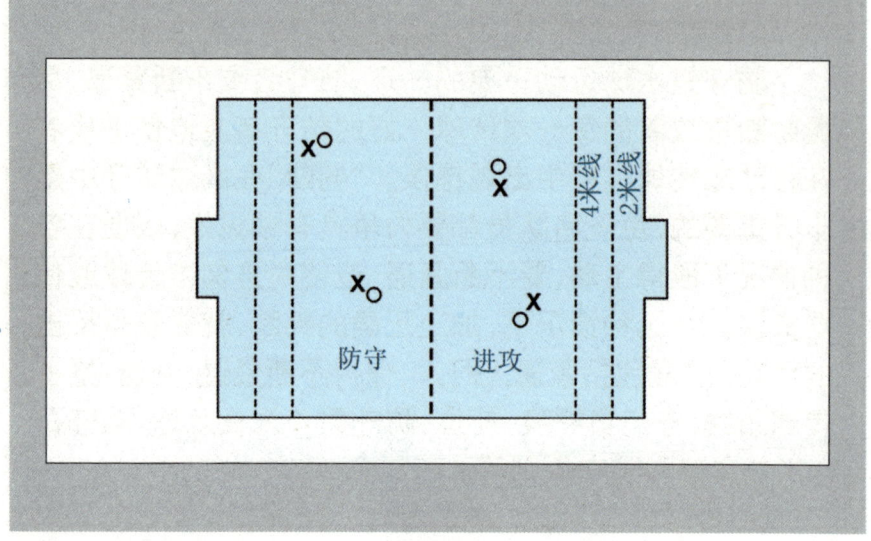

图3-6-1

## 抢占传球路线

抢占传球路线的动作方法是：

（1）一般后场队员传球给前场队员会先观察，再向后转体，不看接球者，直接传球。

（2）在这段时间内，防守者应抢占传接球的两名队员之间的路线，争取截取到球。

## 守门员呼唤

守门员呼唤的动作方法是：

（1）在对方有两名队员，而防守仅有一人的情况下，守门员要呼唤出希望由哪一人射门，一般此人带球游进可能更累，由他射门可给守门员较多时间准备防守。

（2）在一防二的情况下，防守队员要阻挠对方的进攻，应以假动作扑抢，使对方减慢进攻速度，这时守门员应做好准备，清楚谁将射门。

## 补位

补位的动作方法是:

当进攻一方有人突破并逼近球门时,防守队员应及时补位,等有合适机会,再去盯原来的目标。

防守罚 4 米任意球的动作方法(见图 3-6-2)是:

罚 4 米任意球者的两侧应各有一人防守,在球出手后迅速抢占到罚球者的前面,以防球被守门员或球门挡回时,对方重新得球。

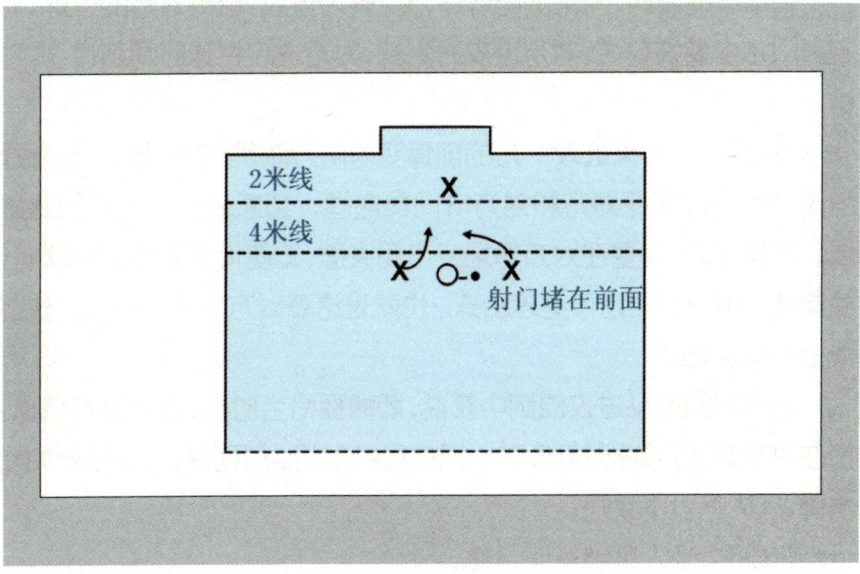

图 3-6-2

## 防守罚 2 米任意球

防守罚 2 米任意球的动作方法是:

(1)防守者应力争站在 2 米人的前面或侧面。

(2)如果防守者被迫位站在 2 米人后面,则应左手抱紧 2 米人的左髋,右手举出水面,以便将球推离。

（3）如果此 2 米人能用另一只手射门，并将球移到左手，则防守者应以右手按触其右髋，举起左手以防起球，防守时上身不应垂直，应前倾半俯卧，约呈 45 度角。

（4）需要注意的是，紧逼要逼得恰到好处而不犯规，否则会造成对方发间接任意球。

##  防守原则

比赛前防守者应事先了解对方是用右手还是用左手射门和用什么方法射门。如果他是用右手，最可能的射门方式是扫射，当他用右手控球时，你要用右臂压住他的右上臂，防止他起球。

有以下情况时，原来的防守一方可转为进攻：截得对方的传球、对方射门不中或被封住、对方进攻时犯规、对方进攻控球时间超过 35 秒钟。

攻防转换时，来进攻一方的前锋变为防守队员，在返防中，他必须考虑有时站位要在对方和对方守门员之间，切断他们之间的传球路线。如果成功，就要在对方后场反击和突破，迫使传球者背向接球者，使同队队员抢得对方传得差的球。也就是诱惑对方传球，并在传球路线上截取。

防守原则要从进攻原则中获益，即捕捉恰当时机，看准时机截球；抓住时机游动；看准时机传球，抓住时机射门。总而言之，就是要判断准确，具体有以下原则：

（1）防 2 米人游到其球门前。

（2）防守时臀部高起，如果下沉，防守者易被切入者突破。

（3）发间接任意球时，注意保护背后的大门，保护中路，留神对方快速短传射门，身体高起，两手出水，准备截球。

（4）盯 2 米人时，保持臀部高起，不要过多犯规，要紧逼控制住他。

（5）当球进入防守半场时，要站在进攻队员和球门之间。

（6）传给 2 米线上的中锋的球，80%～90%是来自右翼的。

（7）在射门失败后，对方后场反击时，一般球先传边，这时应紧逼接应球的队员，使他不能及时地传给突破者，迫使其回传守门员或向后退。

（8）站位好能提供偷球的机会，因为在一人突破时，进攻一方很匆忙，在紧逼情况下，传球者常根据同队队员的喊声传球。

（9）钻水人出水时，两手撑开，注意避免犯规，然后转入紧逼。

（10）防反手射门时，手臂应对准进攻者的肘部，阻止其移动。

（11）比赛开始就要表现出有威胁性，使对方产生畏惧心理。

（12）不要跟着进攻者做动作，因为防守者一旦被动，他的防守就将失败。

防
守

# 第四章 基础战术

　　战术是为了充分发挥技术水平、争取比赛胜利所采取的具体方法。一支优秀的水球队必须有良好的团队合作精神和自如应对场上各种情况的能力，这就需要制定合理的攻防战术。水球的基本战术包括常见战术、多打少战术、进攻掩护战术和防守战术等。

## 第一节

## 常见战术

常见战术包括争得球后战术、楔形战术和交叉战术等。

### 争得球后战术

争得球后战术的方法是：

(1)有的战术打法偶尔可以运用,但必须极其小心,不要勉强。

(2)如果机会不是很好,就不要传球,进攻队员应该继续游动,机会成熟再将球传到前场。

### 楔形战术

楔形战术的方法(见图 4-1-1)是：

(1)前面两人一起并肩游进,极其接近,射手在他们的后面。

(2)边上做摆脱的队员既要插得很深,能挡住一名防守者,又要考虑一旦射手射门不中,能够快速回防。

(3)射手不应该过早接球,否则此战术可能失败。

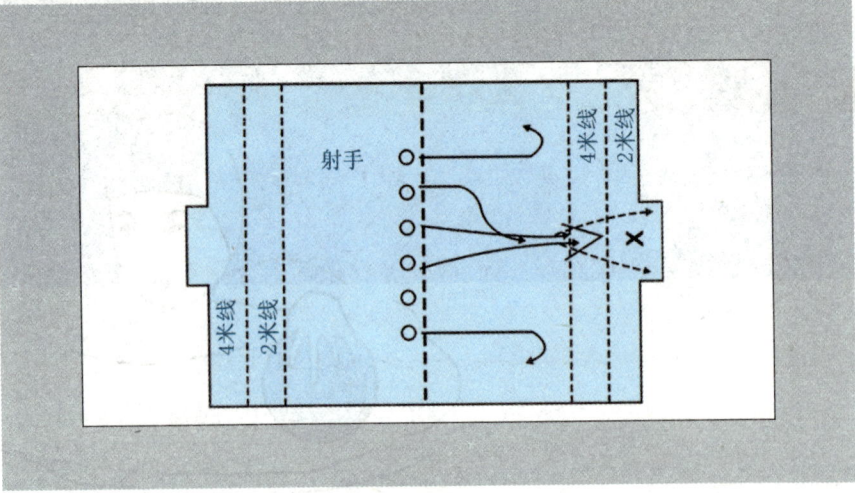

图 4-1-1

## 交叉战术

交叉战术的方法（见图4-1-2）是：

（1）射手必须在同队队员身后交叉向右侧游过去，传球应准确。

（2）如果是从右侧射门，此方法适用于左手射门的队员，如果在左侧射门，则适用于右手射门的队员。

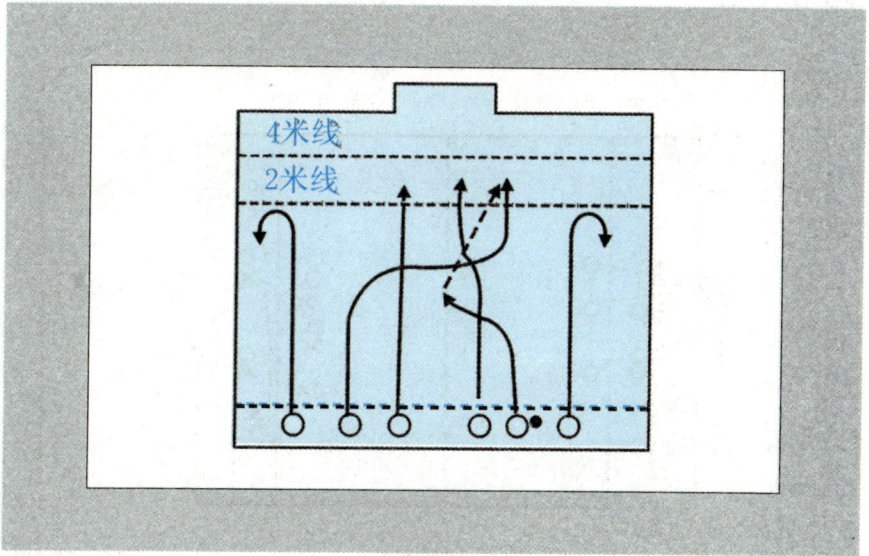

图4-1-2

## 第二节
## 多打少战术

快速突破的主要目的是要落下一个防守队员，形成多打少的局面，包括六打五战术、四打三战术和三打二战术等。

## 六打五战术

六打五战术的方法（见图4-2-1）是：

(1)3名进攻队员站在2米线处，另外3名进攻队员位于5~6米线处。

(2)在6名队员中，始终有1名进攻者是无人防守的，目的是传球给他射门。

(3)应很好地了解守门员的位置，如果守门员的位置没偏，不要轻易射门，而应继续传球，但要注意不要让落下的防守队员赶上。

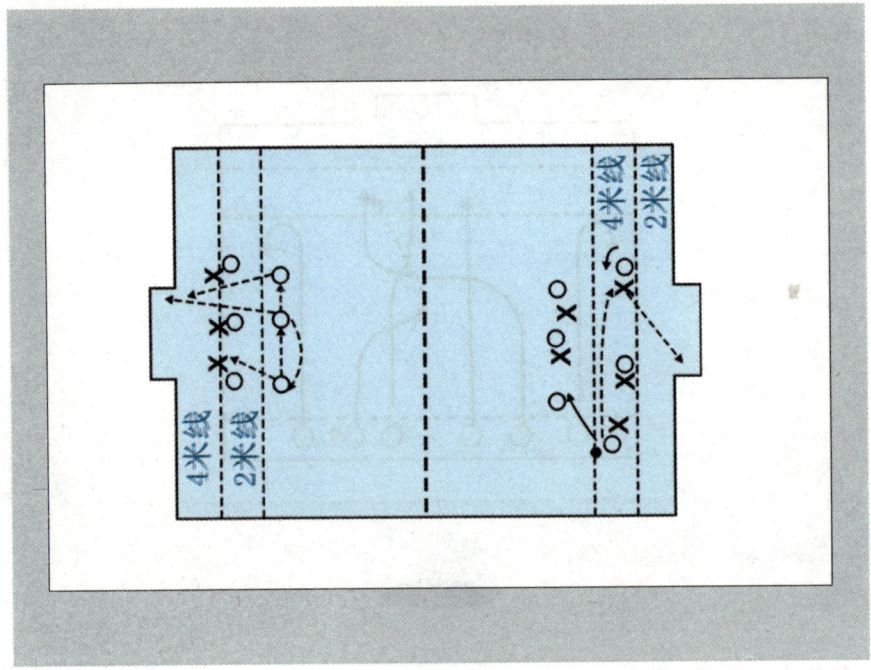

图 4-2-1

四打三战术的方法(见图4-2-2)是：

(1)2名进攻队员尽快游到2米线处，另外2名进攻队员分开，游至约4~5米线处，牵制剩下的1名防守队员，防守队员将逼住其中的1名进攻队员，另外1名进攻队员则是无人防守。

(2)不应将所有4名进攻队员都切到底，在2米线处呈一线，这样无法真正形成多1人的优势，边上2名进攻队员的射门角度又很差。

(3)防守队员在4米线处应做假动作，来回扑2名进攻队员，以拖延其射门时间，直到本方落后的队员补上。

（4）防守队员不应让进攻队员从容射门，除非守门员呼唤"让他射"，大多数情况下守门员将呼唤让谁射门。

（5）守门员呼唤以后，4米线上的后卫就不应该再回扑两名进攻队员，因为守门员已准备好守球，如果这时后卫还去扑抢，会迫使带球队员传球，而此时守门员已偏离原来的位置，将使其由主动变为被动。

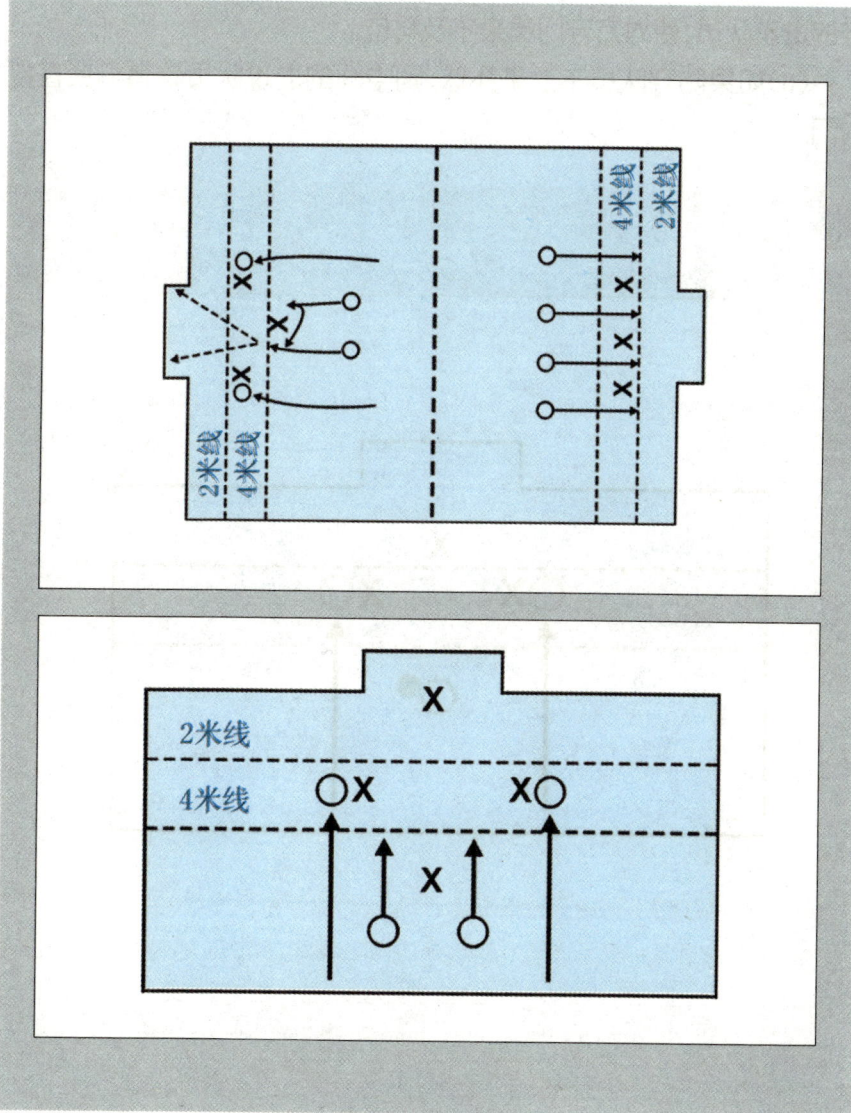

图4-2-2

三打二战术

三打二战术的方法（见图 4-2-3）是：

（1）2 名进攻队员游至 2 米线处，向两侧拉开，另 1 名队员运球从中路游进。

（2）如果 1 名防守者上来扑球，要等他靠近时再把球传给没被防守的进攻队员，使对方守门员来不及移位。

（3）如果防守队员不上来扑球，则中间的进攻队员就有机会直接射门。

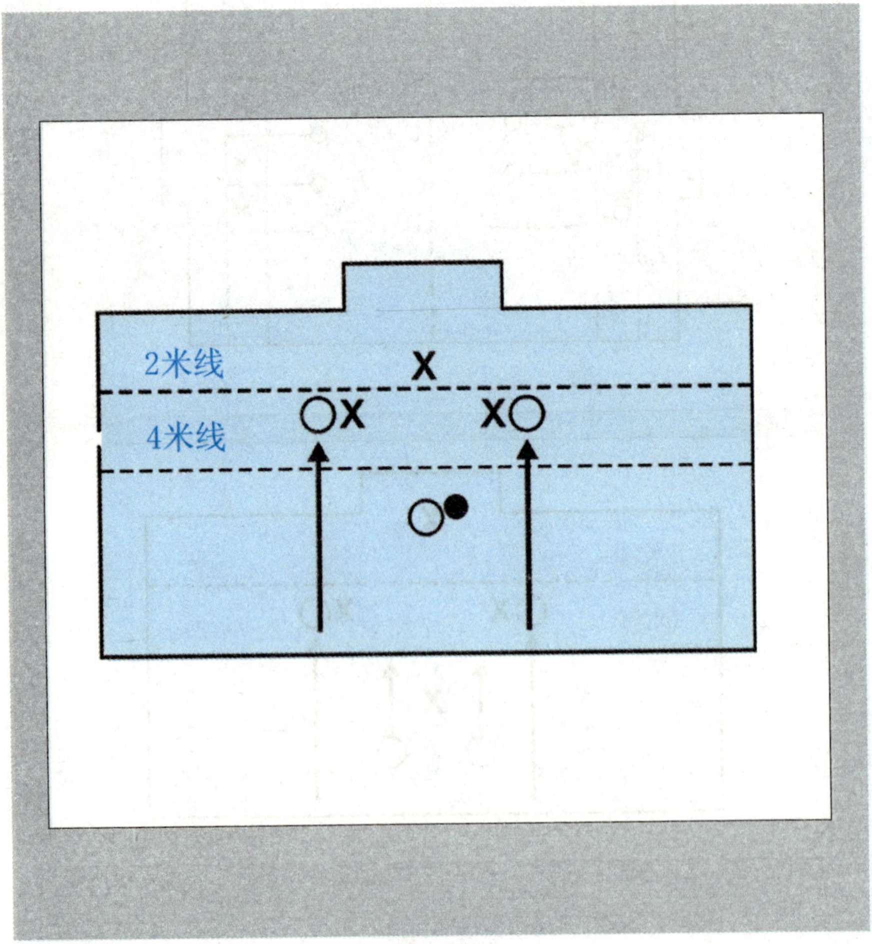

图 4-2-3

## 第三节

### 进攻掩护战术

进攻掩护战术是进攻队员利用同伴身体阻拦掩护的机会摆脱防守的战术。阻挡掩护时,两人应尽量靠紧,使防守队员失去机会。这种战术可用于场上任何一点。

#### 进攻掩护战术

进攻掩护战术的方法(见图4-3-1)是:

(1)防守队员×2设法绕过阻挡者去盯原来的人。

(2)如果不可行,防守队员×2必须灵活地换位,去逼进进攻队员○2,此时防守队员×2的任务是盯防○1。

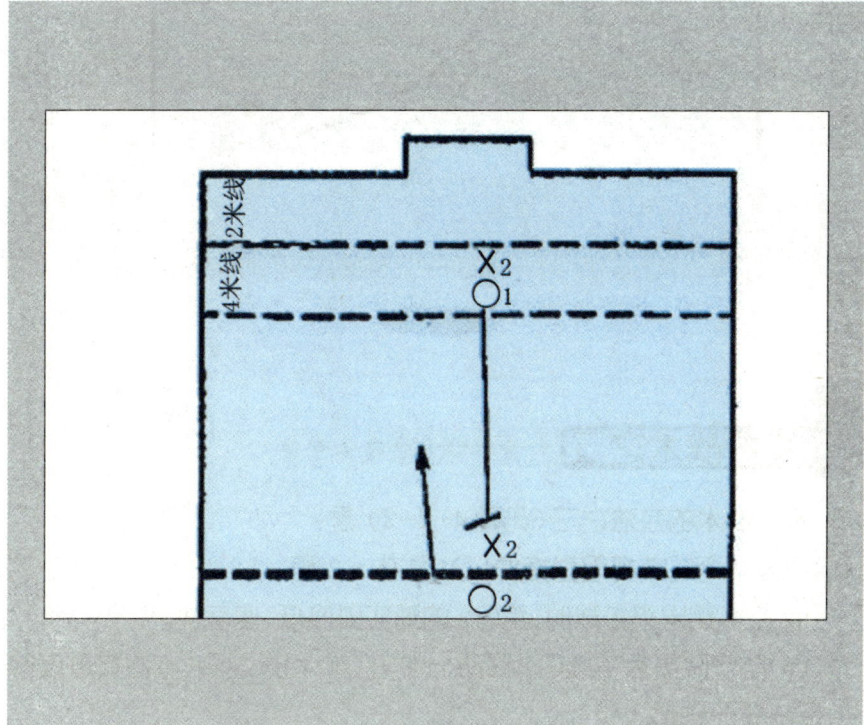

图4-3-1

掩护战术的方法之一（见图 4-3-2）是：

（1）○1 游向○2，当○1 游过来阻拦掩护时，○2 尽可能与×2 贴紧，如果×1 在○1 与○2 相交时还没被阻拦开，○2 应改为拦住×1。

（2）×1 会阻止○1 随意游动，拦住他的去路，如果○1 切入成功，×2 应该在立刻防守○1 和○2，使×1 赶上。

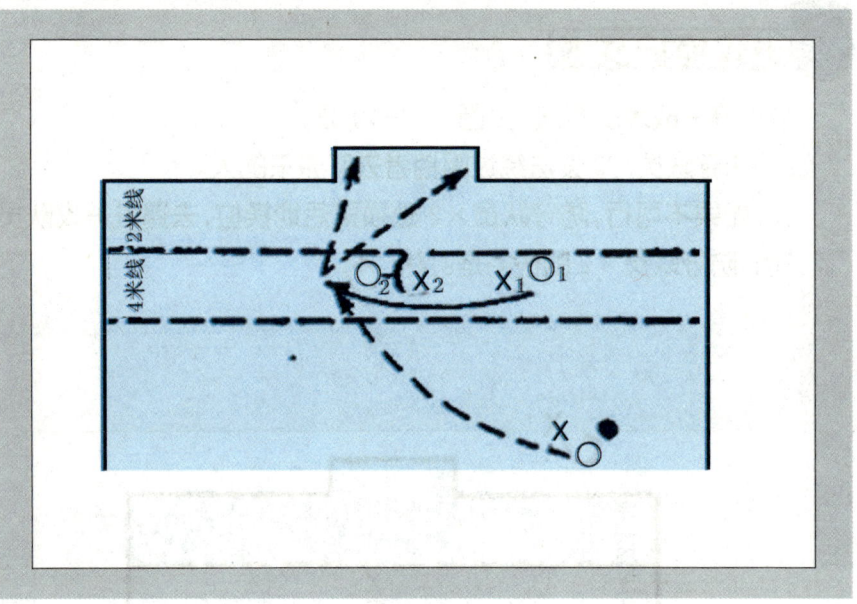

图 4-3-2

掩护战术的方法之二（见图 4-3-3）是：

（1）○1 与○2 打阻拦掩护，○1 拦住×2 和×1。

（2）○2 跳出来接球时，给○2 的球应弧度低、速度快。

（3）防守队员会不准○1 移动，×2 在○2 和球之间，不准其进攻移动，保持臀部高起。

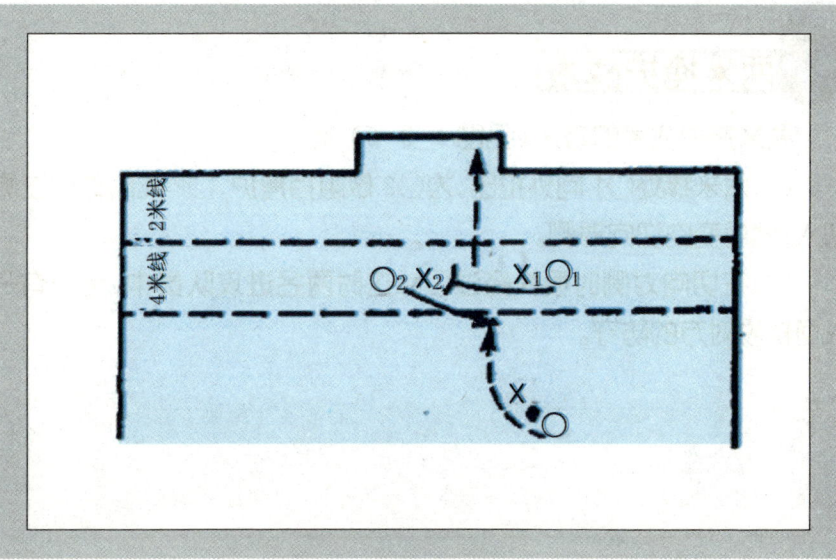

图 4-3-3

## 掩护防守战术

掩护防守战术的方法（见图 4-3-4）是：

（1）×1 挡住○1，不准○1 移动。

（2）如○1 移动了，×2 应做好换位准备，尽快紧逼○1。

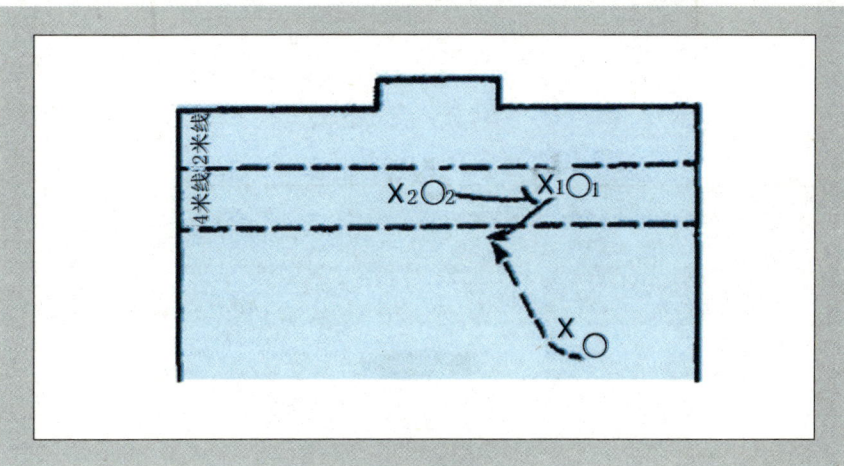

图 4-3-4

## 两米掩护战术

两米掩护战术的方法（见图 4-3-5）是：

（1）两米线处○1 向外拉出，为○2 做阻挡掩护，○2 先向球门左侧切入，然后变向切向对侧。

（2）在切向对侧时很快经过○1，这时两名进攻队员中，至少有一人可摆脱对方的防守。

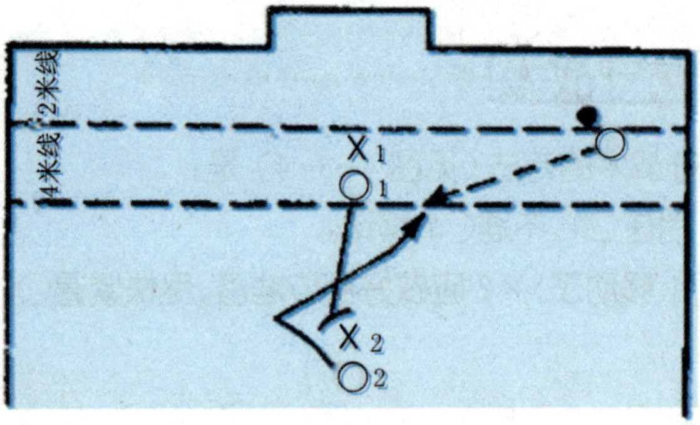

图 4-3-5

## 双 Y 形战术

双 Y 形战术的方法（见图 4-3-6）是：

（1）接近球门的队员，在自己半场游几下，便向后摆脱，接应守门员的传球。

（2）最接近球门的队员在中路往边上摆脱，按球、转体，传球给中场拉边的队员，传球后保持游动，中场队员应在游动中接应。

（3）当球在空中接近中场队员时，沉底拉边的队员应做摆脱，准备接应中场队员的传球，当球接近沉底的边锋时，中锋开始切入，所有的传球应在无阻碍的情况下传同侧，然后横传。

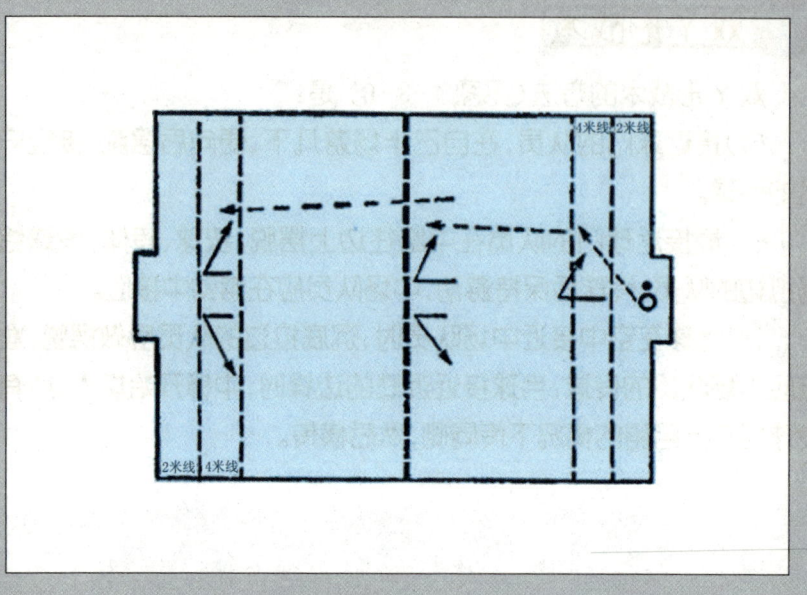

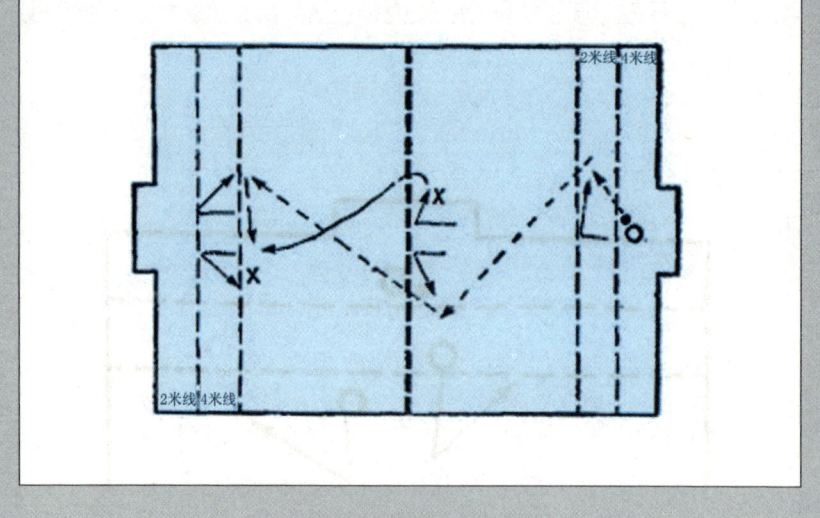

图 4-3-6

挤入游动的战术方法（见图 4-3-7）是：

（1）○1 从○2 和○3 之间"挤入"，切入自己的门前，当○1 从○2 和○3 之间通过时，○4 向前猛切，守门员可传球给○1 或○4。

（2）○1 接到球，在 25 米外的○5 应向前切入、拉开，离开传球路线，拉空中路。

（3）同时○6 向同侧拉边，准备接○1 的传球，○2 和○6 交叉掩护后，从中路直插门前。

（4）○6 做持球突破者，○5 在对侧游动，有助于球的推进。

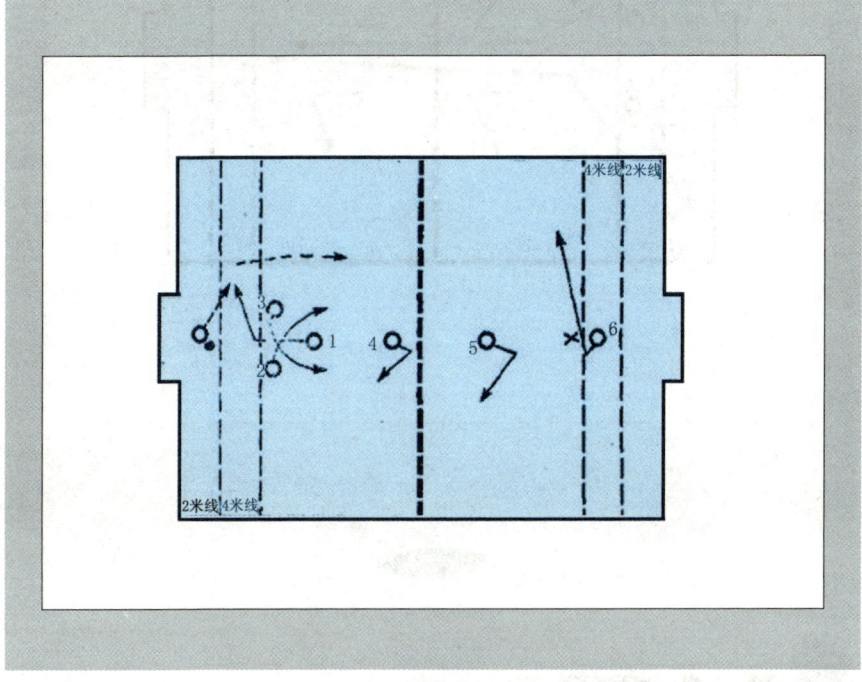

图 4-3-7

后场突破战术的方法（见图 4-3-8）是：

突破者应具有速度快、射门好的基本条件。这种后场突破的方法，由于突破者要游全场的距离，因此体力消耗较大，可能影响射门的能力。

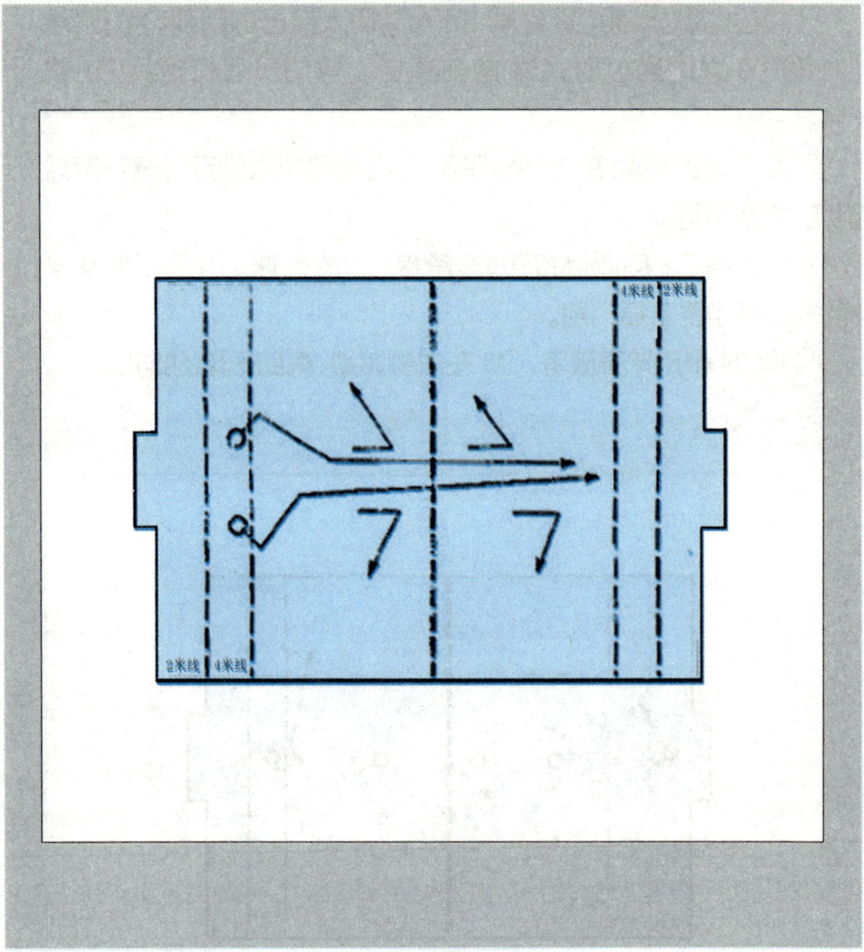

基础战术

图 4-3-8

摆脱和迂回战术

　　摆脱和迂回战术的方法（见图 4-3-9）是：

　　将球传到一侧，如果不能推进，某些队员应迂回游到另一侧。这种方法应将最好的射手留在进攻区。

090

图 4-3-8

## 摆脱和迂回战术

　　摆脱和迂回战术的方法（见图 4-3-9）是：

　　将球传到一侧，如果不能推进，某些队员应迂回游到另一侧。这种方法应将最好的射手留在进攻区。

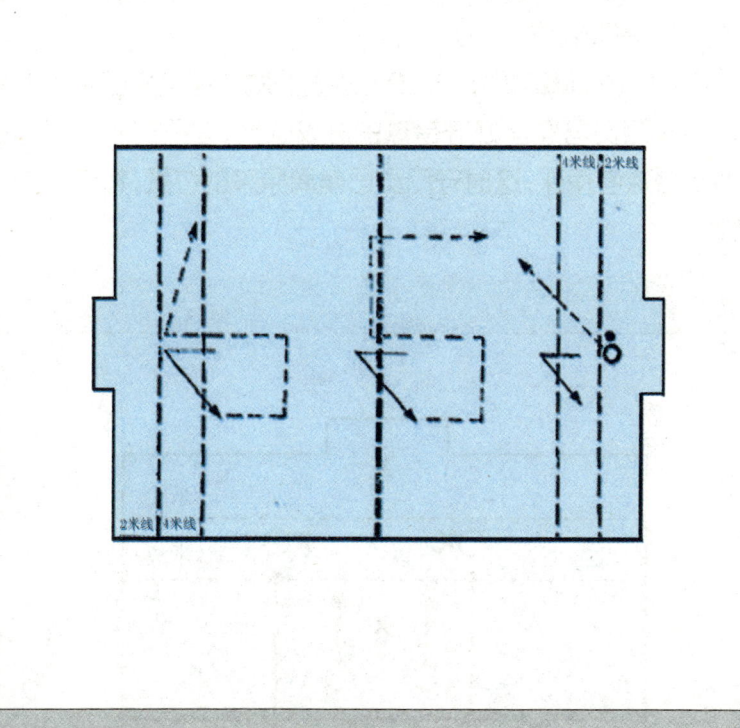

图 4-3-9

## 第四节

## 防守战术

防守战术包括基本防守战术、少防多战术和罚 4 米任意球防守战术等。

基本防守战术的方法（见图 4-4-1）是：

（1）防守队员在4米线处应做假动作，来回扑抢两名进攻者，以拖延其射门时间，直到本方落下的队员补上。

（2）不准进攻队员从容地射门，除非守门员叫"让他射"（绝大多数情况下守门员将叫让谁射门）。

（3）当守门员叫喊以后，4米线上的后卫就不应该来回扑抢两名进攻者，因为守门员已准备好守带球的进攻队员，如果这时后卫还去扑抢，会迫使带球者传球，这时守门员已偏离原来的位置，将使他由主动变为被动。

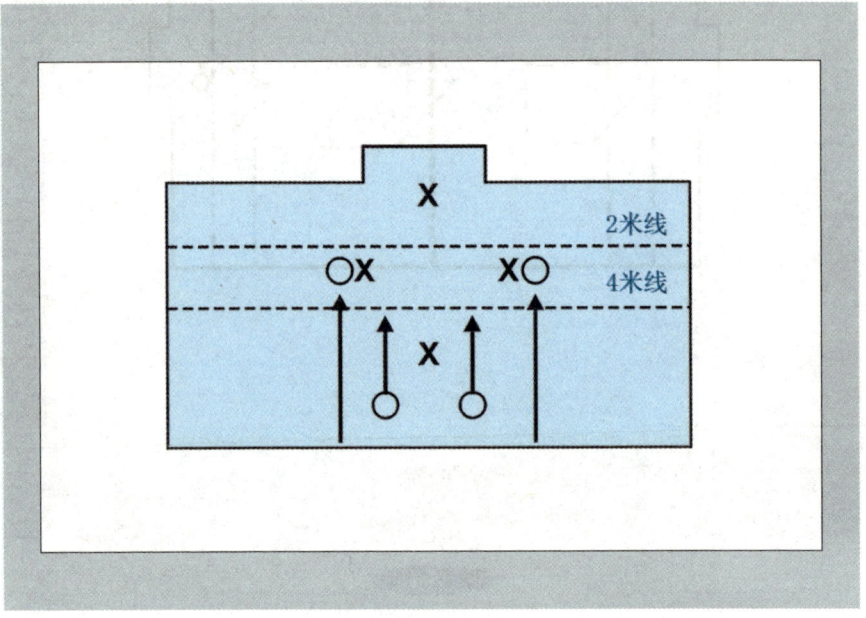

图 4-4-1

少防多战术的方法（见图4-4-2）是：

（1）本方一人被罚出场，或是本方在一次射门后有一人在返防时落后，造成本方少一人，对方控球的情形时，其他队员应紧逼人盯人，迫使对方控球时间超时，或等到本方队员回场。

（2）如对方控球时间允许，防守方队员应有目的地迫使其传不出球。

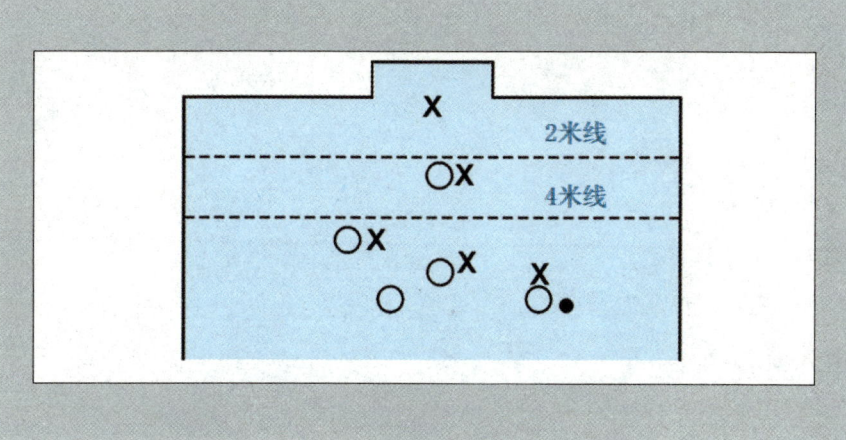

图 4-4-2

 罚 4 米任意球防守战术

罚 4 米任意球防守战术的方法(见图 4-4-3)是:

(1)防守队员应占据靠近射手的内线位置,射手罚球臂一侧的防守者是防守关键。

(2)要在球出手后立即抢占到射手和球门之间的位置,挡住射手,防止其得到反弹回来的球,再次射门。

(3)另一边的防守者堵在对方前面。

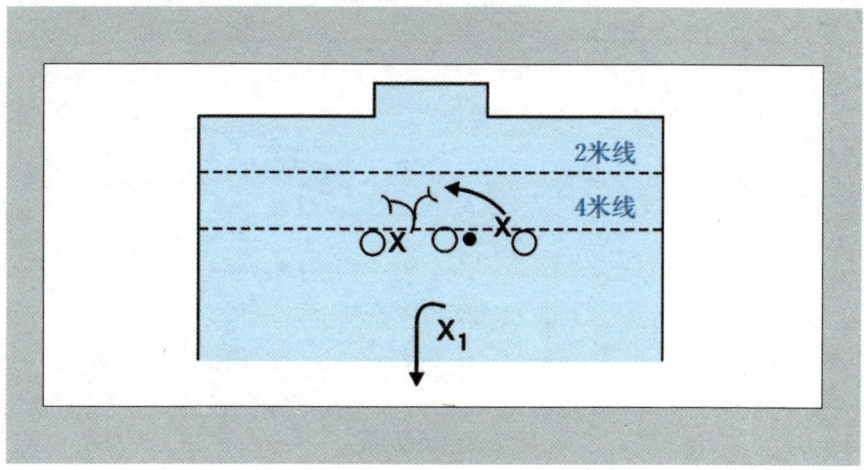

图 4-4-3

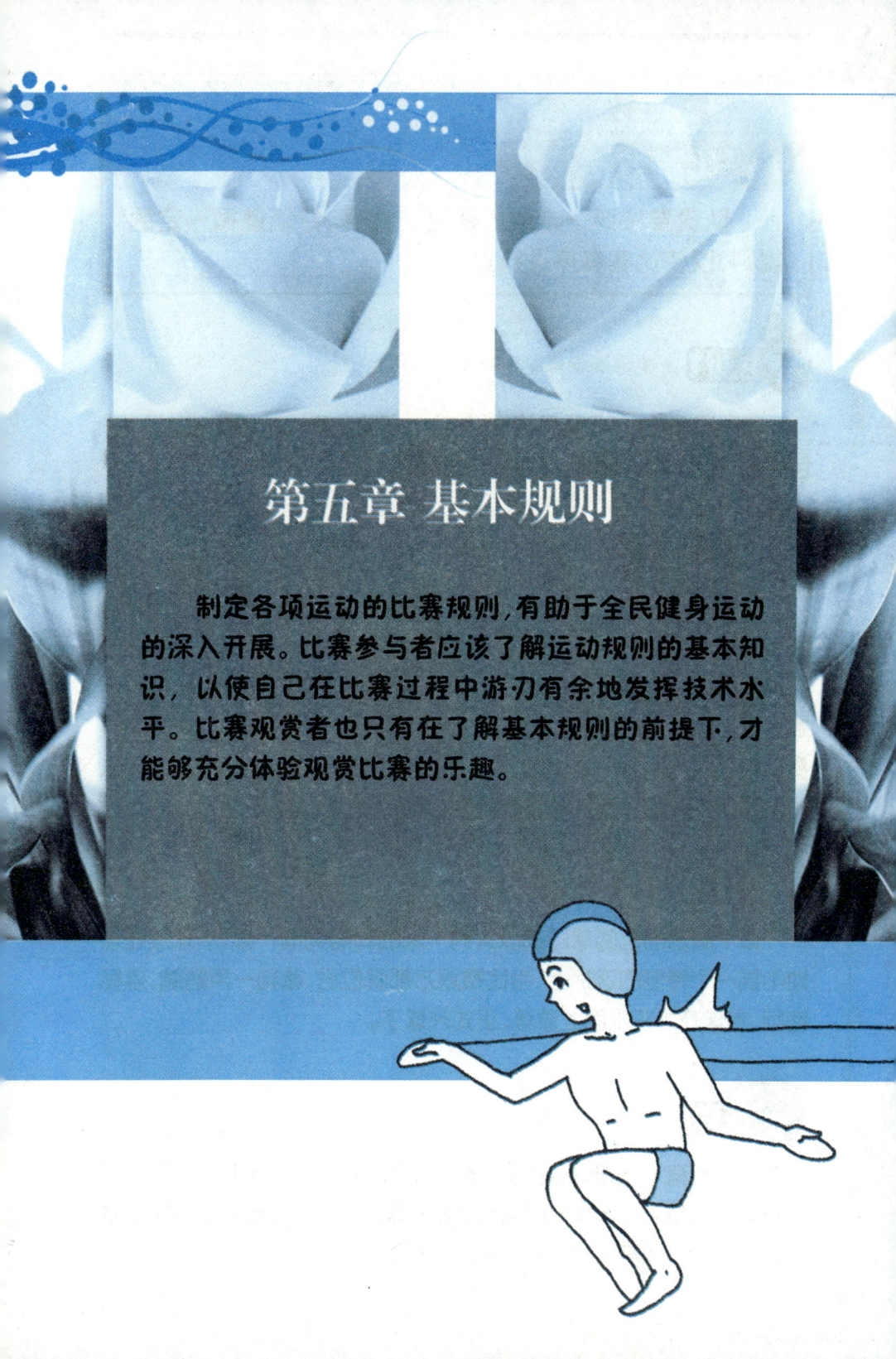

# 第五章 基本规则

　　制定各项运动的比赛规则,有助于全民健身运动的深入开展。比赛参与者应该了解运动规则的基本知识,以使自己在比赛过程中游刃有余地发挥技术水平。比赛观赏者也只有在了解基本规则的前提下,才能够充分体验观赏比赛的乐趣。

# 第一节

## 比赛方法

　　队员要按照一定的方法进行比赛,并须遵循一定的规则,以使比赛有序进行。

### 球队 ◆◆◆◆◆◆◆◆

　　每队最多由 13 名队员组成,每队上场的队员人数不得超过 7 人,包括守门员 1 人,其他队员为替补队员。

### 比赛时间 ◆◆◆◆◆◆◆◆

　　比赛时间为 28 分钟,分 4 节进行,每节 7 分钟,死球时要停表。两节间休息 2 分钟,第 2 节和第 3 节之间休息 5 分钟,同时交换场地。如果在规定的比赛时间内双方比分相同,则两个队在休息 5 分钟后开始上下半场各 3 分钟的加时赛,加时赛中间双方互换场地。如果加时赛结束后双方比分仍然相同,则再进行一个五人罚球。如果仍然无法决出胜负,将会进行没有时间限制的突然死亡加时赛。

### 开球 ◆◆◆◆◆◆◆◆

　　每个队沿自己的球门线以大约 1 米的间隔列成一排,水球放在场地中线一个特制的浮标上,当比赛双方都就位后,裁判一声哨响,浮标缩回,水球开始在水面上漂浮,正式开球了。

### 得分 ◆◆◆◆◆◆◆◆

　　进攻方有 35 秒时间射门,球员射门时若球的整体越过了两个球门柱之间的连线,就算射门得分,进一球则得 1 分,得分多的队为胜方。双方得分相等或均未得分则为平局。

## 暂停与换人

### ❋ 暂停

在球队控球的时候,可以有两次一分钟暂停。

### ❋ 换人

任何一方得分或每节开始比赛前,均可换人。

---

## 第二节

### 裁判方法

在比赛过程中,裁判人员通过履行其职责,进行正确的裁判工作,来保证比赛的公平、公正。

## 裁判人员

水球比赛中有两名裁判员,分别站在水池两边。裁判员要身着裁判服,除使用哨子外,还要手持蓝旗和白旗以表示比赛双方。

在队员犯规或违例时,裁判员要鸣哨,同时给出手势和旗语,指出犯规队员和原因,并给出判决方法。

## 评分方法

在比赛开始或重新开始时,球应至少经两名队员的接触,就可以用身体任何部位(除用拳头以外)进球得分。

球未经过两名以上队员接触之前,且守门员未阻截球,比赛不算开始。

如果球越过球门线或击中球门柱、守门员,裁判员应判守门员发球门球。

球越过球门线时,裁判员应立即鸣哨。如球的整体超过球门线,但未进入球门,而最后触球者为进攻队队员,则判对方守门员发球门球。

守门员掷球门球可在2米区内任一地方。掷球门球不合规定时应重掷(非法处理球除外)。守门员离场时,另一名队员必须在2米区内任一地方掷球。

球越过球门线时,裁判员应立即鸣哨。如球的整体越过球门线又未入球门,且最后触球者为防守队员,应由攻守队员在球出界一侧的2米线标志处掷角球。掷角球时,任何队员不得进入2米线(防守方守门员除外)。如果守门员已经离场,任一队员可在球门线上就位,但不行使守门员权利。

守门员掷间接任意球或球门球时,如球未经其他队员接触而重新持球,且球的整体越过本方球门时,应判对方掷角球。掷角球时,如其他队员在2米线内,应重掷。

一队员投掷间接任意球,如将球传给本方守门员,传出的球未经其他队员接触而直接入门,或穿过球门线,应判对方掷角球。

在4米线区域内,守门员可站立和行走、握拳击球、从池底跃起接球及两手同时触球。

守门员不得游过中线或触及中线以外的球。如有违反,将由距离最近的对方队员在犯规处发间接任意球。

守门员在本方半场内可持球射对方球门。守门员出现扶持或推离球门、池边扶手及排水槽犯规,则由对方在正对犯规地点的2米线上发间接任意球。

守门员发间接任意球时，球出手后，未经其他队员接球，而又重新持球，使球入本方球门时，应判对方罚角球。如在同一情况下，守门员球出手后经过其他队员接触而又重新持球，并使球入本方球门时，应判为进一球。

比赛中，守门员由于意外事故、疾病或伤害离场时，裁判员可允许由替补队员上场。被替补出场的原守门员，如再进场比赛，可替补任何位置的队员。

## 犯规与判罚

水球比赛中的犯规分为一般犯规和严重犯规。

### 一般犯规

一般犯规由对方掷任意球，一般犯规的情况有：

(1)每节比赛开始，在裁判员鸣哨前超出球门线。

(2)每节比赛开始或赛中，有协助其他队员的行为。

(3)扶握或推离球门柱及其他固定物。

(4)站立池底而有意识参与比赛活动或在池底行走。

(5)在被争夺时压球入水。

(6)握拳击球。

(7)自池底跃起抢球或追逐对方。

(8)故意妨碍或阻挡对方自由。

(9)双手同时触球。

(10)蹬或推离对方队员。

(11)队员进入或逗留于对方2米禁区，位于球后者除外。

(12)一方控球时间超过35秒而不射门。

(13)守门员游过中线，或触及中线以外的球。

(14)不按规定掷直接任意球、球门球或角球者。

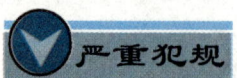

严重犯规的处罚有：

（1）记1次个人严重犯规（严重犯规满3次者取消全场比赛资格），进攻时不判罚离场，而判由对方掷球，防守时要罚离场35秒。

（2）判罚4次直接任意球。

（3）取消全场比赛资格（可以替补）。

（4）取消全场比赛资格（不得替补）。

基本规则

裁判员手势

手势是裁判员在执行规则时的技术动作。比赛中，裁判员为了向队员和观众表明判分的原因，使他们及时了解比赛的进行情况，就要采用手势说明。特别是国际比赛，由于语言不通，或因比赛场人声嘈杂，就更需要采用手势来表达。

比赛开始 见图5-2-1

图5-2-1

 间接球、球门球、角球　　见图 5-2-2

图 5-2-2

罚直接任意球　　见图 5-2-3

图 5-2-3

## ❀ 比赛开始、球门球、角球（监门员）  见图 5-2-4

图 5-2-4

## ❀ 进球（监门员）  见图 5-2-5

图 5-2-5

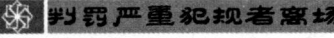 **判罚严重犯规者离场** 见图 5-2-6

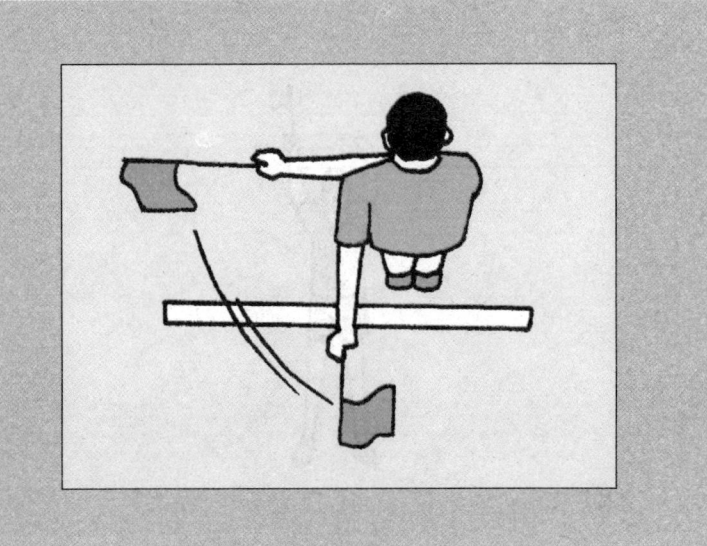

图 5-2-6

**两名队员同时被罚离场** 见图 5-2-7

图 5-2-7

 死球时，进攻队员个人犯规　　见图 5-2-8

图 5-2-8

裁判球　　见图 5-2-9

图 5-2-9

基本规则

## 可替补（命令一队员离场）  见图 5-2-10

图 5-2-10

## 罚出场不得替补并通知双方队长  见图 5-2-11

图 5-2-11

**不持旗手报犯规队员号数的手势** 见图 5-2-12

超过 5 的数字,先报 5,然后加上不足的数。报 10 时,不持旗手五指紧握成拳表示 10。超过 10 的数字,先报 10,再加上不足的数。

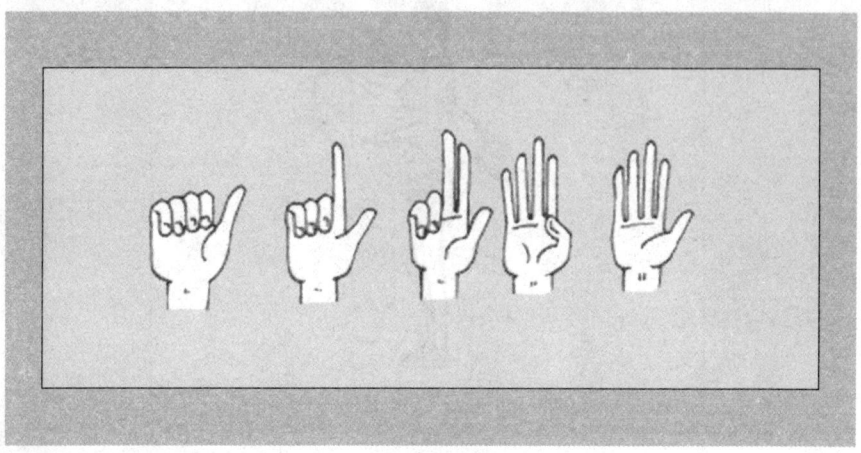

图 5-2-12

**罚 4 米球** 见图 5-2-13

先举起张开四指的手,立即放下,指向应罚 4 米球的 4 米线。

图 5-2-13